Tauro

La guía definitiva de un signo del zodiaco increíble dentro de la astrología

Índice

Introducción

Tauro es uno de los primeros signos del zodiaco, y se cree que se originó a partir de la adoración del toro en la antigua Mesopotamia, a menudo llamado "el gran toro del cielo". Si no está familiarizado con la astrología, querrá leer detenidamente el primer capítulo de este libro, para conocer a fondo los parámetros que rigen el mundo de los signos del zodiaco. Desde los símbolos hasta los planetas, el mundo de los signos del zodiaco es mucho más amplio de lo que usted cree.

Las personas de Tauro son conocidas por su capacidad de lucha cuando se trata de empujar. La naturaleza obstinada de Tauro hace que sea un trabajador muy testarudo que siempre hará el trabajo. Rendirse es un destino que desprecian seriamente. La confianza que tiene un Tauro se basa en la realidad, y está profundamente arraigada en su creencia en sí mismo. El aura de estabilidad que rodea a los Tauro es una gran ventaja a la hora de ascender en la escala empresarial y superar las entrevistas.

Será difícil encontrar una fiesta elegante que no esté organizada por un Tauro. Mientras que algunos signos pueden considerarlos demasiado formales cuando se trata de planificar fiestas, un anfitrión Tauro sabe lo que tiene que hacer hasta en los más mínimos detalles para organizar eventos. Es difícil deshacerse del perfeccionismo y la organización de un Tauro en cualquier proyecto que realice. Incluso los encontrará junto al DJ, intentando ayudar en la elección de la música.

Los signos del zodiaco se suelen enfrentar por la comparación de sus debilidades y fortalezas; no todos disfrutan de la misma taza de té. Siempre se puede conocer a un Tauro observando su proceso de pensamiento. No es de extrañar que todo el mundo busque el consejo de un Tauro por lo lógico y sólido que es, construido sobre hechos y perspectivas realistas. Cuanto más grave sea la situación, más valiosos serán los consejos de Tauro. Un Tauro sabe inyectar una dosis de sentido común en el momento oportuno, ayudando a los demás a estar más aterrizados en la realidad y centrados. Este libro detallará los rasgos que hacen de Tauro un pensador lógico y un solucionador de problemas.

La generosidad de Tauro es siempre evidente tanto para los extraños como para sus seres queridos. Tauro no tiene problemas para entregarse a quienes ama, prefiriendo poner a los demás antes que a sí mismo cualquier día. Apenas juegan y siempre apuestan por un enfoque directo y sin rodeos para ganarse la confianza de las personas de su entorno. La organización, la amabilidad, la comprensión y la paciencia son puntos fuertes muy populares que tiene un Tauro.

Un signo del zodiaco fuerte viene con sus propias vulnerabilidades. No existe un signo perfecto sin ninguna debilidad, sobre todo si se tiene en cuenta que los signos se complementan entre sí. Los Tauro están en el lado celoso debido a lo mucho que se esfuerzan en las relaciones. Puede que no sean las personas más activas cuando no tienen un trabajo serio que hacer, prefiriendo relajarse en lugar de hacer una actividad divertida. Algunos pueden decir que un Tauro puede volverse fácilmente posesivo con las personas y los objetos cuando las cosas se les van de las manos.

Si usted es el afortunado padre de un niño Tauro, es posible que se encuentre en una situación bastante complicada. Mucha gente tiene la impresión errónea de que los Tauro son inestables y coléricos, pero le sorprenderá saber lo divertidos y sensibles que son. Es importante entender los rasgos de su hijo y cómo desarrolla su fuerte personalidad como Tauro. Un niño Tauro aprenderá con gusto, pero su terquedad puede hacerle pasar un mal rato en ciertas situaciones. La crianza de un niño Tauro se mencionará más adelante en este libro, a medida que se familiarice con los rasgos de la personalidad de este signo zodiacal y sus características específicas.

Si es Tauro, probablemente recuerde cómo se aferraba a sus juguetes y juegos favoritos una vez que encontraba algo que le gustaba. Puede que incluso se acuerde de haber recibido un montón de reprimendas por parte de sus padres debido a algunas desafortunadas escenas de comportamiento destructivo. El hecho de conocer de cerca al joven Tauro puede ayudarle a criar a un niño y a ponerse en contacto con su niño interior para resolver problemas complicados y arraigados en el pasado.

Si es un Tauro que busca el amor o recibe el amor de un Tauro, puede resultarle útil la tabla de compatibilidad de los últimos capítulos. Saber qué signos del zodiaco se sincronizan bien con Tauro puede ayudarle a ahorrarse muchos problemas al principio e incluso a resolverlos más adelante. A medida que usted siga la vida amorosa de un adolescente Tauro, podrá comprender qué es lo que le resulta atractivo. Desde las primeras relaciones hasta las más largas, los rasgos de Tauro son dominantes y consistentes, lo que le ayudará a entender si está en una relación con uno.

A medida que continúe leyendo este libro, aprenderá a navegar por los altibajos de la vida con un Tauro. Si por casualidad usted es un miembro de este poderoso signo del zodiaco, aprenderá cómo puede mantener una relación sana o reparar una dañada. Los consejos y trucos relacionados con Tauro se presentarán de forma que le permitan tomar medidas rápidas y reflexionar libremente sobre los puntos que debe destacar.

Cuando llegue a los últimos capítulos de este libro, habrá adquirido una gran comprensión de cómo funciona la mente de Tauro. La investigación es importante, pero deberá asegurarse de convertir el conocimiento en acciones. Los últimos capítulos se centran en ayudar a los Tauro o a sus amigos a comprender mejor un signo zodiacal tan complejo. Esto también se reflejará en gran medida en las trayectorias profesionales en las que un Tauro debería destacar y en otras que podrían no interesarle a largo plazo. Cuanto más aprenda sobre los Tauro, más se interesará por su infinito potencial. Siempre puede leer los capítulos de forma independiente si desea centrarse en un determinado aspecto clave relacionado con este signo del zodiaco.

Capítulo 1: Introducción a Tauro

Al transcurrir en plena primavera, Tauro abarca a todos los nacidos entre el 21 de abril y el 21 de mayo. Ocupa el segundo lugar entre los 12 signos del Zodíaco, justo después de Aries, y el símbolo del toro lo representa. De los cuatro elementos del zodiaco, Tauro comparte el elemento tierra con Virgo y Capricornio. Estos miembros del elemento tierra son conocidos por su sentido práctico, su estoicismo, su determinación, su ambición y su amor por los placeres mundanos.

No es de extrañar que a los taurinos les gusten los placeres mundanos en cualquiera de sus formas; al fin y al cabo, el planeta Venus los rige. Es justo que adopten su belleza, su hedonismo, su arte y su pasión por el lujo y el confort. Si tiene curiosidad por saber cómo este regente divino ha dado forma al signo de Tauro, está de suerte. ¡Comencemos!

Los rasgos de un Tauro

Si es Tauro, probablemente se habrá dado cuenta de que a veces puede ser demasiado testarudo. Pero si tiene a un taurino en su círculo de amigos o familiares, entonces sabe que no puede equivocarse si mantiene a un taurino cerca. Los taurinos son leales y honestos hasta la saciedad, y por eso sabe que siempre le cubrirán las espaldas. También son inteligentes, dedicados y trabajadores. Por lo general, son amables, pero pueden ser fieros si es necesario, solo que odian que los presionen. Si se pregunta dónde está un Tauro, debería visitar su casa. Hay pocas cosas que les gusten más que la comodidad de su propio hogar.

Con una colección de rasgos tan intrigante, veamos un resumen de todo lo que hace que un taurino sea quien es.

Puntos fuertes de Tauro

Es bastante común que los taurinos sean descritos con las siguientes palabras:

- Racional
- Centrado
- Perseverante
- Estético
- Paciente
- Sensual
- Frío
- Responsable
- Confiable
- Estoico
- Práctico
- Cariñoso
- Honesto

Debido a su naturaleza bien fundamentada, práctica y realista, son capaces de racionalizar cada situación y mantener sus emociones bajo control. Esta mentalidad racional les permite abrirse camino en la vida, logrando cualquier cosa que se propongan. Además de su incomparable amor por el lujo y el placer, suelen estar decididos a adelantarse a todos los demás para disfrutar de la vida como se supone que debe vivirse: un estilo de vida propio de ricos y sofisticados. Si un lema describiera su estilo de vida, sería sin duda "Trabaja duro, juega más duro".

Si hay algo que valoran, es la honestidad por encima de todo, así que espere una reacción severa si intenta engañar a un Tauro. No solo irán un paso por delante de usted, sino que también le llamarán la atención por su falta de honestidad y perderán la confianza en usted.

Desafíos de Tauro

Siempre hay un rasgo exigente que acompaña a sus puntos fuertes. Después de todo, las fortalezas y los desafíos son dos caras de la misma moneda. Esto es lo que diría la otra cara de la moneda de un taurino:

- Obsesivo

- Exigente

- Testarudo

- Codicioso

- Intransigente

- Posesivo

Demasiada determinación puede convertirse en una obsesión, lo cual es muy popular entre los taurinos. Esta obsesión puede ir en cualquier dirección: un perfeccionista del trabajo o un procrastinador que busca el placer. Suele ser una combinación de ambos, lo que resulta bastante paradójico.

Es natural que los taurinos sean testarudos. Al fin y al cabo, se aseguran de racionalizar todo y de pensar diez pasos por delante de los demás antes de emprender cualquier acción. Esta sensatez y previsión les lleva a menudo a confiar en su opinión y juicio por encima de los demás, lo que hace que los demás los consideren testarudos. A pesar de su previsión, a veces pueden no ver el panorama general debido a esta terquedad, lo que hace que la prueba y el error sean la única forma de cambiar sus perspectivas.

Con su estilo de vida, a los taurinos no les gustan mucho los cambios. No tendrán ningún problema en seguir la misma rutina durante años sin sentir que hay algo malo en ello. Pero les parecerá mal enfrentarse a cambios repentinos, y se quejarán de todo y de que las cosas deberían ser como ellos esperaban. ¿Hemos mencionado que odian las sorpresas? Porque lo hacen. Tampoco tienen miedo de expresar sus opiniones, aunque sea con autoridades directas y desafiantes.

A Tauro le gusta

Siguiendo los pasos de su regente divino, Venus, los taurinos aman el placer. Son sensuales, táctiles y les gusta la comodidad. Esto hace que la lista de sus gustos e intereses incluya lo siguiente y más:

- El lujo
- La comodidad
- La música
- El romance
- Gastronomía
- Jardinería
- Trabajar con las manos
- Un estilo de vida elegante

Lo que no le gusta a Tauro

En cambio, puede esperar que un taurino se aleje de cualquier situación que provoque:

- Cambios inesperados
- Dramas y complicaciones
- Inseguridad

- Cosas inútiles

La cualidad fija

En los signos del zodiaco hay muchos factores que afectan a sus rasgos. El elemento del signo juega un papel importante, y conoceremos cómo afecta la tierra a los Tauro. Además del elemento, cada signo tiene también su propia modalidad.

Técnicamente, la modalidad es como el modo de funcionamiento del signo. Es la forma en que el signo se expresa y se distingue de los demás signos. Hay tres modalidades: cardinal, fija o mutable. Una modalidad cardinal marca el inicio de la estación, y sus signos suelen ser descritos como líderes, tradicionales, racionales, agresivos y demasiado precavidos. Una modalidad fija cae en la mitad de la estación, y los signos fijos se consideran estables, persistentes, fiables, obstinados y resistentes al cambio. Una modalidad mutable cae al final de la estación o entre los cambios estacionales. Los signos mutables son flexibles, adaptables, versátiles, inquietos e imprevisibles.

De estas modalidades, Tauro comparte la cualidad fija con Acuario, Leo y Escorpio. Al caer en el centro de la estación, los Tauro representan la estabilidad y la consistencia. Lucharán contra cualquier cosa que suponga un peligro, por remoto que sea, para su sentido de la estabilidad y la seguridad. Su sensación de seguridad se basa en la comodidad de lo conocido y familiar. Si lo piensa bien, estos rasgos taurinos son los que más necesita después de enfrentarse a un gran golpe (léase signos cardinales) y antes de buscar una nueva aventura (léase signos mutables), y eso es lo que convierte a los taurinos en el ancla de los signos del zodiaco.

El elemento tierra

Tauro no solo es un signo fijo, sino que también pertenece al elemento tierra. Eso lo convierte en el más estable de los 12 signos del zodiaco, con cierta resistencia al cambio. Aunque algunos podrían describir esto como terquedad, Tauro se mantiene constante en todo su esplendor por una razón válida.

Tauro cae en plena primavera, justo donde la vida le invita a disfrutar de su cosecha y su lujo. Representa los placeres y el confort de la vida, el cuerpo físico y los alimentos que comemos. No cambia porque es lo que necesitamos en esta época del año; está ahí para influir en todos los demás signos para que se inspiren en la vida y en lo que ofrece y aprovechen cada momento. Al fin y al cabo, el elemento tierra es la esencia y el núcleo de todos los demás elementos y su base más sólida. Está ahí para ayudarles a alcanzar todas las metas, propósitos y deseos materialistas.

Al observar a Virgo, Capricornio y Tauro, se puede ver fácilmente cómo sobresalen en el trabajo y, al mismo tiempo, aprovechan al máximo los placeres de la vida. Nos enseñan a gestionar nuestras finanzas y a alcanzar las máximas expectativas, ya que no solo son trabajadores y perseverantes, sino que también siguen un estilo de vida práctico que se aleja del drama y de las complicaciones emocionales innecesarias.

Está claro que estos rasgos ayudan a cualquier persona asociada con el elemento tierra a alcanzar mayores alturas, pero el camino que siguen puede ser demasiado aburrido para los demás elementos. Los signos de tierra pueden seguir la misma rutina durante años, habiendo encontrado una sensación de paz en lo familiar. Suelen temer cualquier cambio que desestabilice su vida y la ponga patas arriba. Preferirán conformarse con una vida en la que no se sientan suficientemente felices o apreciados, emocional, intelectual o económicamente, solo para mantener la sensación de seguridad que se han creado.

Dado que uno de los mayores desafíos para cualquier signo de tierra, especialmente para los Tauro, es lidiar con los cambios repentinos, esto crea una falta de compatibilidad con el elemento aire. Los signos asociados al elemento aire son los más rápidos e imprevisibles, pero también por eso Tauro necesita al elemento aire para crecer y prosperar. La mejor manera de equilibrar el elemento tierra, especialmente cuando son rígidos en sus formas, es adoptar la mentalidad del aire.

Para encontrar el equilibrio, este elemento tendría que integrar nuevas actividades en su rutina. Tendrá que crear el hábito de buscar nuevas cafeterías, salir a caminar por la mañana, socializar en nuevas redes y realizar ejercicios dinámicos que pongan su cuerpo en movimiento. Las clases de baile, los cursos de estiramiento y la música moderna suelen ser buenos puntos de partida para un Tauro.

Mientras que un taurino está condicionado a cuestionar todo lo que hace y a cuestionar cada nueva actividad que emprende, puede aliviar sus pensamientos excesivos creando un sentido más significativo de propósito para todos los cambios que adopta. Al conectar este propósito y ponerse en contacto con sus emociones y su mentalidad racional, podrán dejar de lamentar estas acciones.

La constelación de Tauro

La constelación de Tauro fue descubierta entre el año 5000 y el 1700 a. C., antes de que se conociera el signo de Aries. Se ha relacionado con pinturas rupestres que datan de alrededor del 1500 a. C. Sin embargo, no hubo un registro definitivo que describiera a Tauro hasta que la astronomía babilónica le dedicó el símbolo del toro. También se le ha conocido como el toro del cielo o el toro frontal.

La constelación alberga dos cúmulos abiertos: las Pléyades y las Híades, que se extienden por la constelación de Tauro hasta el comienzo de Géminis. El signo zodiacal de Tauro se alinea con la constelación de Tauro justo hasta la precesión del equinoccio, que cambia su posicionamiento. A partir de ahora, Tauro ocupa el lugar de los primeros 30 grados del círculo zodiacal, justo después de Aries. Mientras que Aries representa el comienzo de la vida y la primavera, Tauro sostiene lo que Aries ha comenzado y mantiene la vida en todo su esplendor.

La historia de Tauro

Al ser una de las constelaciones más antiguas que se han descubierto, no es de extrañar que se encuentren muchos mitos e historia ligados a Tauro. El símbolo del toro ha sido adoptado en varias mitologías debido a su papel esencial en el calendario agrícola. Encontrará mitos y cuentos sobre el toro de Tauro en la antigua Babilonia, Egipto, Sumeria, Asiria, Acad, Roma y Grecia.

Es posible que conozca al Tauro de la Epopeya de Gilgamesh, donde la diosa Ishtar envió a Tauro a asesinar a Gilgamesh como castigo por sus avances sobre ella. Puede que también haya oído hablar de la diosa sumeria del placer sexual, la fertilidad y la guerra, Innana, donde se la asociaba estrechamente con Tauro, pero si nos adentramos en los mitos más infames que rodean a los Tauro, no tendremos que ir más allá de la antigua mitología griega.

Existen principalmente dos historias significativas sobre Tauro en la antigua mitología griega, ambas asociadas a Zeus, el rey de todos los dioses. El primer mito era una historia de apariencias falsas, en la que Zeus se disfrazaba de toro blanco para seducir a la legendaria princesa fenicia, Europa. No pasó mucho tiempo hasta que Europa se dio cuenta de que Zeus, disfrazado de toro, se arrodillaba ante ella, y se enamoró de su encanto y mansedumbre. Fue entonces cuando decidió subirse a su lomo, donde viajó con él a través del agua hasta Creta, donde dio a luz a tres de sus hijos. La historia no terminó con un "felices para siempre"; al menos, el "felices para siempre" no fue con Zeus. Europa escapó entonces y se casó con Asterión, el rey de Creta, y sus hijos heredaron el trono después de él.

El segundo mito arroja luz sobre la infidelidad de Zeus a su esposa Hera, en la que tuvo una aventura con Io, su sacerdotisa. Hera no tardó en descubrir la aventura, y fue entonces cuando ejecutó su venganza. Maldijo a Io convirtiéndola en una vaca que sería picada para siempre por un tábano, obligándola a vivir una vida sin descanso y sin comodidades. Finalmente, Io se refugió en Egipto, donde Zeus le devolvió su forma original. Más tarde, dio a luz a su hijo, que gobernó Egipto después de Zeus, y a una hija.

Estos mitos establecen una estrecha correlación con la personalidad del hombre tauro. Cuentan la historia de un hombre poderoso y sin precedentes, adentrándonos en los detalles de su viaje en busca del amor, la pasión, los esfuerzos sexuales y los placeres terrenales. Muestran cómo incluso el hombre más influyente adoptará una falsa fachada para seducir a su interés amoroso y luego secuestrarlo en un viaje a través del mundo.

También muestran cómo los peores rasgos pueden sacar lo mejor de un taurino cuando los planetas de este signo se ven desafiados en cuanto a su dignidad y sus principios. Cuando esto sucede, el peor lado de sus rasgos puede tomar el control, dando paso al adulterio y la infidelidad, donde un hombre casado puede tener una aventura incluso con las hermanas y los amigos más cercanos de su esposa.

En resumen, los mitos sobre Tauro pintan una imagen vívida de un toro errante que se enfrenta a las consecuencias de sus actos. Se trata de alguien que ha traicionado a los amigos más íntimos y a las relaciones más sagradas, tras lo cual lo ha perdido todo. Se ven obligados a vagar por la lejanía de la tierra en busca de lo que una vez tuvieron y arruinaron, tratando de encontrar algo similar en el proceso. Poco saben que la única forma de recuperar ese amor es realizando cambios estructurales en sus percepciones y creencias, lo cual es la tarea más difícil que se le puede pedir a un taurino.

El símbolo del toro

Tauro está representado por el símbolo del toro, concretamente, la cara y los cuernos de un toro. Se supone que el origen de la imagen se remonta a las antiguas pinturas de una cueva que data del año 1500 a. C., pero la teoría más definitiva relaciona el toro con la forma de la constelación de Tauro. Sea cual sea el origen, el toro de Tauro está fuertemente vinculado a la fertilidad, el crecimiento y la paz, en correlación con el comienzo de la primavera y el florecimiento de la vida. Es durante esta estación cuando la naturaleza nos otorga los mayores beneficios y las cosechas más abundantes.

Observando al toro en su vida cotidiana, queda claro lo acertada que es su representación de los taurinos. Siempre encontrará al toro relajándose en la naturaleza, rodeado de paz, tranquilidad, aromas relajantes y sabores exuberantes. Si esa no es la mejor descripción de un Tauro en su hábitat natural, no sabemos cuál es.

Planeta regente: Venus

La divina Venus rige a Tauro. Está representada por el símbolo de un círculo, que indica el espíritu divino, sobre una cruz, que se refiere a la practicidad y a la materia física. El símbolo habla de la necesidad de traer lo divino a la tierra; de integrar el arte y la belleza a los deseos materialistas y mundanos.

Venus es el planeta del placer, del amor, del sexo, de la fertilidad, de la prosperidad, del deseo, de la belleza, del arte, de la creatividad, de la satisfacción y de la gratitud en cuanto a los rasgos. No es diferente a Afrodita, la diosa griega. Esta combinación de rasgos tan tiernos hace que un taurino sobresalga en todo lo que hace, sin olvidar nunca dejar su toque artístico y creativo en sus obras maestras. Por eso son grandes cocineros, amantes, artistas y jardineros.

Estos rasgos también los convierten en los amigos más leales y solidarios. Aprecian la honestidad por encima de todo, pero toleran poco los conflictos, las críticas y el chantaje emocional. Esta combinación de rasgos les hace ser cuidadosos a la hora de dejar entrar a la gente en sus vidas. Aunque, cuando lo hacen, respetan a sus seres queridos y confían en ellos, a nivel emocional. Algunas personas podrían incluso describirlos como necesitados, obsesivos y posesivos. A pesar de ello, siguen teniendo un lado racional que les permite entrar en razón y tener opiniones acertadas en los conflictos y encuentros caóticos.

La segunda casa la de las posesiones

Según el alfabeto de doce letras de la astrología moderna, hay doce casas en la carta natal. Cada signo del zodiaco rige su casa correspondiente, lo que hace que Tauro sea el regente de la segunda casa. Si se conoce la segunda casa, es por sus posesiones, riqueza personal y seguridad. Esta casa se alinea perfectamente con el amor de los taurinos por las búsquedas terrenales y los placeres mundanos.

Si retrocedemos en el tiempo y exploramos la astrología clásica, encontraremos que Venus tenía una gran afinidad con la quinta casa. En palabras de Venus, ella encontraba la alegría en la exploración de la creatividad, la sexualidad y el placer que se daba en la carta natal de la quinta casa. La quinta casa también era conocida por otro rasgo y se describe popularmente como la casa de la buena fortuna. Eso explica que Venus se relacione a menudo con la buena suerte, la prosperidad, la fertilidad y los deseos sexuales.

La piedra preciosa y el color de Tauro

No es sorprendente que la piedra preciosa o de nacimiento de Tauro sea la esmeralda. El verde de la piedra de nacimiento es la mejor representación de la naturaleza de un taurino, la prosperidad y el florecimiento de los campos. También es el color de la riqueza, algo que hemos aprendido que a los taurinos les gusta especialmente. Tauro también responde ante al cuarzo rosa, el zafiro, el ámbar, la aventurina y el granate. Estas piedras de nacimiento mejoran su salud emocional, física y mental. Naturalmente, el color de la suerte de un Tauro es el verde, debido a su piedra de nacimiento la esmeralda. También responde bien al rosa claro y al blanco.

Mantra y propósito

Observando la naturaleza de un Tauro, obtienen su sensación de seguridad de sus posesiones. Son conservadores, protectores y estables gracias al mantra que suena en su cabeza con las palabras "yo tengo". Repetirlo les da un sentido de propósito en sus esfuerzos y les anima a construir una estructura, una fiabilidad y una estabilidad en sus vidas, relaciones y objetivos.

El hombre de Tauro

Con el hombre Tauro, será difícil encontrar otro signo con puntos fuertes similares. Será difícil encontrar a alguien que sea tan fuerte, leal, digno de confianza, honesto, tierno, paciente y generoso como un hombre Tauro. Estará dispuesto a ir más allá para que su pareja se sienta querida y apreciada. A menudo, no prestará atención a otros coqueteos e insinuaciones sutiles, si no es porque ni siquiera se dio cuenta de estos avances.

Está dispuesto a entrar de lleno en la relación, lo que hace que se tome su tiempo para hacerlo. Nunca se precipitaría en el aspecto físico de la relación sin asegurarse de que conecta a nivel intelectual con su pareja, y eso siempre lleva mucho tiempo hasta que se siente lo suficientemente seguro como para confiar en su pareja. En este proceso antepone la comunicación honesta y la transparencia, ya que odia toda forma de artificialidad.

A cambio de su compromiso, espera lo mismo de su pareja. Tan cariñoso y tierno como puede ser, se apresurará a ser inamoviblemente implacable si su pareja le ha traicionado. Sin embargo, puede acomodarse demasiado en su estoicismo después de establecerse con una pareja, debido a su naturaleza tranquila y coherente. Para darle dinamismo a su vida y evitar el aburrimiento, será conveniente que practique deportes o ejercicios al aire libre para estar más conectado a la tierra y prepararse para la acción.

La mujer Tauro

Nada encanta más a una mujer taurina que apelar a su lado romántico. Para ello, será necesario que se tome su tiempo, ya que ella espera que la corteje de forma lenta y constante, incluso después de iniciar una relación con ella. Al igual que el hombre taurino, sabe que la conexión mental e intelectual está por encima del vínculo sexual, por lo que rara vez se lanzará a una relación física sin pensar en el resto de los aspectos.

Una de las cosas más importantes para ella es sentirse amada y segura, lo que requiere de una honestidad transparente y una comunicación abierta. Las falsas fachadas y los juegos no la impresionan, y se apresurará a señalarlo. Pero aprecia tanto los gestos románticos sencillos como los grandes; al fin y al cabo, se parece a su diosa Venus. Cuando se sienta lo suficientemente segura, entregará su alma, su cuerpo y su mente a su pareja sin pensárselo dos veces, siempre que él le sea fiel.

El lado romántico y tierno de una mujer taurina no la hace débil. Al contrario, sigue siendo uno de los signos más prácticos, fiables y robustos de todo el zodiaco. Estará dispuesta a comprometerse para toda la vida con la pareja adecuada y a planificar una vida con hijos y otras bendiciones, pero se necesita mucha paciencia y esfuerzo para desbloquear todos sus rasgos sobresalientes. Puede ser distante, reservada, cerrada y obstinada. Si vive con un sentimiento de culpa, este puede carcomerla por dentro e impedir que se sienta satisfecha.

Tauro en el trabajo

Los Tauro aman el dinero. Adoran todas las formas de lujo, y saben que eso no se consigue sin trabajar duro y ganar suficiente dinero para mantener su lujoso estilo de vida, por lo que se lanzan a por todas. Los taurinos se encuentran entre las personas más dedicadas, capaces, creativas, prácticas y trabajadoras en cualquier campo en el que trabajen. No importa si son empleados o directivos, porque harán el trabajo a la perfección. Establecerán rápidamente una rutina y se centrarán en la tarea que tienen entre manos, independientemente de lo que ocurra a su alrededor. Tal vez el único inconveniente de su fuerte ética de trabajo es que existe una delgada línea entre la dedicación y la obsesión, algo que los taurinos suelen cruzar fácilmente sin darse cuenta. Su obsesión por el trabajo puede convertirlos en perfeccionistas que esperan que todo el mundo se esfuerce al máximo, al igual que ellos. Se recompensan a sí mismos por su duro trabajo jugando y disfrutando de los lujos de la vida con más ahínco.

Tauro con el dinero

Al estar regido por la segunda casa de la riqueza, es de esperar que un taurino sea bueno con las finanzas, y no le decepcionará. Son capaces de arreglárselas tanto con pequeños como con grandes sueldos, planificando su estilo de vida en función de su estado financiero. Nunca se olvidarán de dejar algunos ahorros para un día lluvioso, y tendrán en cuenta sus responsabilidades, el ahorro para la jubilación y los objetivos a corto y largo plazo.

Tauro con amigos

Los Tauro prosperan gracias a la sensación de estabilidad que se aseguran de construir para sí mismos. Es común encontrar a un taurino dependiendo de esta sensación de paz con su círculo de amigos también, posiblemente incluso logrando mantener todas sus amistades de la infancia fuertes y preciosas. Una vez que le permiten entrar en su vida, serán algunos de los amigos más leales y solidarios que tenga. Se empeñarán en seguir alimentando su relación y en mantener un vínculo sano, honesto y puro que pueda durar toda la vida. Son los hufflepuffs de los signos del zodiaco.

Tauro en casa

La máxima forma de estabilidad para un taurino es construir un hogar con su familia y vivir felices para siempre. Son personas que valoran la familia por encima de todo, así que puede esperar que muestren su amor, apoyo y fiabilidad a sus padres y hermanos desde que saben hablar y moverse. A medida que crezcan y tomen su camino en la vida, se establecerán con su pareja amada y planificarán la forma de llenar su hogar de risas y felicidad. Llenarán la casa de niños y apreciarán cada segundo del día, y nunca dirán que no a ser anfitriones de una reunión de familiares y amigos.

Capítulo 2: Los puntos fuertes de Tauro

Tener un Tauro en su vida puede ser una bendición disfrazada. Son personajes sofisticados con más cualidades de las que se ven a simple vista. Tendrá que conocerlos para entender lo que pasa por sus mentes y cómo piensan. Los nacidos bajo este signo del zodiaco son personas interesantes con numerosas capacidades y puntos fuertes. Explorar esos puntos fuertes puede ser todo un viaje en sí mismo. Si ha nacido bajo este signo solar, siéntase orgulloso y único, ya que llegará a conocer lo mundano que puede ser su carácter. Aquí está todo lo que necesita saber sobre las fortalezas de Tauro y cómo puede reconocerlas en usted mismo si es Tauro o en alguien que conoce.

Fortalezas clave y la ciencia que las sustenta

Determinar los puntos fuertes de un signo zodiacal en la astrología no es algo que algunas personas solo adivinen o inventen. Hay toda una ciencia detrás que facilita la detección de estos rasgos positivos y el trabajo para potenciarlos si no son demasiado notorios. Esta ciencia se representa a través de tres modalidades, y son básicamente la forma en que se expresa cada signo del zodiaco. Los tipos de modalidad son fijos, mutables y cardinales. En el caso de los Tauro, siguen la modalidad fija. Para entender cómo se expresan los taurinos, es esencial comprender las diferentes modalidades y su funcionamiento. Cada modalidad tiene una mezcla de signos que conforman todos los elementos, que son fuego, aire, agua y tierra.

Cardinal

Esta modalidad es la más antigua de todas las agrupaciones. Sus signos son Aries (fuego), Libra (aire), Cáncer (agua) y Capricornio (tierra). Estos signos son aventureros y extrovertidos. Se expresan en voz alta y dicen lo que piensan, lo cual es un rasgo positivo o negativo según el contexto y la situación. A los signos cardinales les gusta hacer valer su dominio y liderazgo allí donde se encuentren.

Fijo

Con las cualidades de la modalidad fija, los Tauro pueden verse brillar junto a otros signos como Leo, Escorpio y Acuario. Los signos fijos son estables en sus elementos, lo que hace que sus puntos fuertes sean visibles y notorios a medida que se les conoce. Su firmeza puede hacer que a menudo parezcan obstinados, pero son muy creyentes y defienden sus creencias sin importar los obstáculos. Tauro es un signo de tierra, lo que hace que los taurinos sean aún más decididos y estables, pero no aceptan un no por respuesta y consiguen lo que quieren de cualquier manera posible. No son precisamente revolucionarios ni grandes aficionados al cambio, pero les gusta que las cosas sucedan a su manera. A menudo podrá ver a los taurinos llevando una vida estable y fija, como su modalidad, en la que hay poco espacio para las sorpresas.

Mutables

Si observamos a los signos mutables en comparación con otras modalidades, lo suyo es el cambio. Los signos mutables son Sagitario, Piscis, Géminis y Virgo. Los nacidos bajo estos signos y que tienen las cualidades mutables son siempre muy inquietos. Les gusta estar siempre activos y en movimiento, y aprecian mucho el cambio. No se conforman con nada y a veces pueden ser un poco caóticos. Son grandes comunicadores, por lo que les resulta fácil entablar amistad con quienes tienen otras cualidades de modalidad como los taurinos.

Capacidades laborales

La personalidad de Tauro es muy trabajadora y decidida. Se les puede ver brillar cuando están en el trabajo o asumiendo un determinado proyecto en sus carreras. Puede detectar fácilmente a un taurino en su lugar de trabajo, ya que mostrarán una gran ambición y tenacidad con regularidad. Puede ser un poco competitivo, pero eso es bueno, ya que mantendrá a todos los que le rodean atentos y dispuestos a competir. Es probable que se conviertan en líderes de equipo rápidamente y al principio de sus carreras. Los nacidos bajo este signo del zodiaco son como semillas que esperan crecer con la nutrición adecuada, especialmente para triunfar en sus campos y carreras.

Cuando piense en las capacidades laborales de un Tauro, piense siempre en la disciplina y la puntualidad. En campos específicos como la agricultura o la gestión administrativa, los nacidos bajo este signo serán excelentes para el trabajo. Es raro ver que los Tauro no sean puntuales o que pierdan algún detalle por ser demasiado relajados o desconcentrados. Sin embargo, son responsables y precisos en todos sus movimientos.

También pueden ser algunos de los artistas más creativos con los que se haya topado. Los que tienen esta personalidad son abstractos en su forma de pensar. Esto les permite crear emocionantes piezas de arte y expresar sus pensamientos de una manera única que no verá con cualquier otra persona nacida bajo un signo zodiacal diferente. Son disciplinados incluso en su arte, lo que les ayuda a notar la belleza en todo para retratarla en sus obras. Su gusto artístico y musical es de lo más elegante. Aunque no practiquen el arte, saben apreciarlo cuando lo ven. Si tiene un Tauro en su círculo íntimo, le resultará relativamente fácil ver lo mucho que le interesan y entretienen las diferentes obras de arte.

Como el arte no es solo pintar o escuchar música, los Tauro pueden destacar en otros campos creativos como la construcción. Este campo necesita individuos trabajadores, pragmáticos y artísticos, y es súper fácil encontrar todos estos rasgos en un individuo Tauro. Añadirán su sofisticado toque personal que probablemente cambiará para mejor cualquier obra de construcción en la que pongan sus manos.

Aspectos sociales positivos

Los taurinos no son necesariamente percibidos como muy sociables, pero eso no significa que sea algo malo. Que sean solitarios a veces es una gran fortaleza. Son adaptables y pueden hacer cosas por sí mismos sin ayuda de nadie. Sin embargo, son humanos y necesitan algún tipo de interacción social. Cuando se acerca a un Tauro y se convierte en su amigo, le será leal mientras le muestre respeto y aprecio. No debe confundir su lealtad con debilidad. Estarán a su lado sin importar en lo que se metan, pero si alguna vez toma ese apoyo por sentado, no mirarán atrás a la amistad que tuvieron con usted dos veces.

Una de las grandes cosas de los taurinos es que también son muy constantes. No les gustan los cambios; puede pasar meses o incluso años sin hablar con ellos y volver a encontrarlos igual. No se dejan influir fácilmente por los demás ni por el mundo que les rodea. Por eso es casi imposible encontrar a un taurino que haya cambiado con el tiempo o que se haya convertido en una persona diferente a la que conocía.

Otra gran cualidad que es rara de encontrar en cualquier otro signo, pero fácil de detectar en cualquier Tauro de su círculo es la fiabilidad. Tanto si el taurino de su vida es su amigo, su pareja o incluso su mentor, siempre podrá contar con él para que haga las cosas y le cubra la espalda siempre que lo necesite. No tendrá que pedir nada dos veces, ya que lo tendrá en mente hasta que pueda conseguir lo que necesita o le ha pedido. La responsabilidad es su segundo nombre, y siempre puede contar con ellos para aprovechar el día.

Tauro con la familia

Toda familia tiene una roca, alguien en quien confiar y a quien acudir cuando las cosas se tuercen. Si observa detenidamente a todos los miembros de su propia familia, se dará cuenta de que la roca de la familia suele ser un Tauro. La familia es siempre la principal prioridad para un Tauro. No se toman los asuntos del hogar a la ligera y pueden ser protectores de sus seres queridos. Puede que les cueste mostrar su amor por aquellos a los que quieren, pero en el fondo, harían cualquier cosa por ellos, y eso les convierte en seres poderosos. Suelen demostrar su amor a los que están en su casa de forma sutil, preparando comidas especiales o mimándolos con regalos abundantes.

Ser buenos con los niños es también una de las principales cualidades de este signo zodiacal, ya que son divertidos y comprensivos. Los taurinos son el material perfecto para una tía o un tío divertido. Mimarán a todos los niños relacionados con ellos y los colmarán de amor y atención. Si tienen hijos, es probable que sean versiones en miniatura de ellos mismos. Todo lo que pidan, probablemente lo obtendrán al final. Lo principal que necesita cualquier niño al crecer son unos padres que le apoyen, y un toro es precisamente eso. Son sobreprotectores con sus hijos, pero harían cualquier cosa por ellos.

Similitudes con otros signos

Las cualidades y rasgos de un Tauro son únicos, pero no son tan raros. Es fácil detectar ciertas características positivas como las de otros signos del zodiaco. Esto puede hacer que a veces sea un reto para las personas saber en el primer encuentro si la persona que tienen delante es un Tauro, pero al entender las similitudes y las ligeras diferencias que poseen estos signos, puede diferenciarlos.

Tauro es un signo de tierra, lo que significa que las similitudes que tiene con otros signos de tierra son numerosas. Capricornio y Virgo son signos de tierra que comparten el rasgo de estabilidad con Tauro. Son grandes aficionados a la seguridad y el equilibrio y no siempre les gustan las sorpresas. No es que no sepan qué hacer si experimentan un sobresalto o una emergencia. Los Tauro comparten ese rasgo con los Capricornio y los Virgo, por lo que tomarán las riendas si se produce cualquier emergencia o acontecimiento sorpresa y lo afrontarán con responsabilidad y eficacia.

En cuanto a las similitudes con otros signos que siguen otros elementos como el agua, el aire y el fuego, los taurinos comparten rasgos sociales particulares con Sagitario y Escorpio. Con Sagitario, ambos signos del zodiaco aman a sus familias más que nada y harán cualquier cosa por ellas. Pueden ser grandes padres y siempre priorizarán a sus seres queridos por encima de cualquier otra cosa. Los escorpianos comparten rasgos sociales positivos con los taurinos, donde también son personas confiables que muestran apoyo a sus seres queridos y son confiables cuando los tiempos se ponen difíciles.

Los taurinos comparten un rasgo esencial con sus compañeros de tierra, los Virgo. Ambos son signos sensuales con un sentido artístico único que les permite pensar de forma creativa y lógica. Cada paso que dan está calculado, pero son prácticos y pueden adaptarse a cualquier situación que se les plantee para estar cómodos y a la vez ser productivos. No necesitará ocuparse de estos dos signos de tierra, ya que pueden cuidar bien de sí mismos y de los demás. Los Tauro, Virgo y Capricornio son seres comprometidos que pueden hacer las cosas con o sin la ayuda de nadie y mostrarán resultados inigualables llenos de pensamiento creativo e innovación.

Compatibilidad con otros signos

Cada signo del zodiaco tiene su pareja; son las personas con las que se sienten más cómodos y comprendidos. En el caso de Tauro, son compatibles con otros signos terrestres y con otros signos del zodiaco.

En cuanto a la compatibilidad general, pueden llevarse bien con los Capricornio. También siguen los mismos rasgos de modalidad y se sentirán cómodos el uno con el otro. Para un Tauro es fácil abrirse cuando está cerca de alguien con quien se siente cómodo, y eso es algo que los Capricornio pueden ofrecerles. Esta relación de confianza ayuda a un Tauro a sentirse más seguro a la hora de compartir experiencias personales y puede ejercer fácilmente la autoexpresión.

Como a los Tauro les gusta tanto la estabilidad y pueden prosperar fácilmente en un entorno en el que tienen mucha experiencia y gente en la que confían, es posible que no siempre se lleven bien con signos como Géminis o Aries. Estos signos se caracterizan por los cambios y las sorpresas aventureras, algo que a los Tauro no les gusta mucho. Sí, pueden adaptarse si se enfrentan a una sorpresa de este tipo, pero no lo apreciarían.

Dos taurinos pueden llevarse bien y entender las necesidades y deseos del otro, ya que tienen experiencias similares en la vida. Sus poderosos rasgos prosperarán juntos en una relación de este tipo, ya sea romántica o estrictamente platónica. Incluso si el otro Tauro en su vida es un miembro de su familia, rápidamente notará que estar cerca de él es cómodo y tranquilizador, ya que su forma de pensar es la misma que la suya.

Solo porque los Tauro rigen la tierra, no significa que no puedan llevarse bien y compartir rasgos similares con otros signos y elementos. De hecho, los signos que se rigen por el elemento agua suelen congeniar perfectamente en el entorno laboral y en el doméstico. La tierra y el agua van de la mano en la naturaleza, y ese es un caso similar al de otros signos del zodiaco.

Detectar los puntos fuertes a través de los demás

Si tiene a un Tauro en su vida al que conoce y quiere, entonces será fácil detectar sus características y capacidades más formidables. Pero si no conoce a la persona tan bien, detectar estos puntos fuertes puede ser un reto. pero puede encontrar estos puntos fuertes cuanto más tiempo pase con ellos y conozca su historia de fondo. Las experiencias vitales que un Tauro comparte con usted pueden hacer que se dé cuenta rápidamente de lo resistentes que son y de lo que pueden hacer. No todos los Tauro comparten los mismos rasgos fuertes y positivos, y es raro encontrarlos todos en una sola persona. Las personas son diferentes; es probable que encuentres un conjunto de rasgos en una persona y otro conjunto de puntos fuertes en otra.

Puede conocer más sobre los rasgos positivos de un taurino viendo cómo pasa su tiempo. Si se dedican a actividades artísticas, entenderás que su sentido de la creatividad es mayor que cualquier otra cosa. Si les gusta pasar su tiempo trabajando o laborando, puede descubrir que prosperan en el trabajo duro y serio cuando están solos, y se comprometen con cualquier tarea que tengan a mano sin la ayuda de nadie más. Pueden tener todos los rasgos fuertes de un toro o solo algunos. Depende de las personas de su entorno descubrir en qué se destacan.

Ser amigo de un Tauro le ayudará a conocer mejor cómo es su personalidad. Seguramente serán un buen amigo, aunque su lealtad es su mejor característica o su fiabilidad, lo cual diferirá de un Tauro a otro. Puede simplemente preguntarle cuáles son sus habilidades y características más fuertes, pero siempre es más emocionante descubrir estos rasgos por sí mismo al conocer a un taurino.

Descubrir sus rasgos

Si usted mismo es un Tauro, conocer sus puntos fuertes puede ser un poco más difícil de lo que esperaría. No todo el mundo sabe en qué es bueno y en qué destaca en la vida. Puede tener todos los rasgos y cualidades correctos dentro de usted y aún no saber que están ahí; puede incluso no saber cómo utilizarlos, pero no tiene por qué ser así siempre. Si profundiza en su interior y en sus emociones, podrá descubrir dónde puede brillar como Tauro y qué campos se adaptan perfectamente a sus capacidades.

Empiece por examinar sus aficiones e intereses. Si hay algo que le gusta especialmente hacer, aunque no sea nada demasiado importante, entonces puede ser su punto fuerte y debe alimentarlo. Por ejemplo, si le gusta hacer alguna forma de arte en su tiempo libre, entonces esa puede ser su verdadera vocación, y dedicarse a hacer una carrera de ello u ocuparse de su lado artístico más a menudo.

Los taurinos suelen preferir trabajar solos y tener una vida independiente. Eso puede ser una ventaja interna que usted no conocía. Llevar una vida independiente puede ayudar a las personas a descubrir más sobre sí mismas y a ver todo el alcance de sus capacidades. Ayudará a mostrar lo responsable que puede ser un Tauro y lo bien que puede cuidar de sí mismo por sí mismo.

Mitos sobre la fuerza

La gente suele pensar que los mitos sobre cualquier signo del zodiaco son solo sobre sus debilidades o lo que no pueden hacer o incluso con quién son o no son compatibles. Pero hay algunos mitos comunes sobre la fuerza de un taurino que pueden ser engañosos para aquellos que tienen un tauro en su red o que han nacido bajo este signo del zodiaco.

Uno de los mitos más comunes sobre los taurinos es que son fáciles de llevar y tranquilos. Esto no está muy lejos de la realidad. Son seres adaptables que sacan lo mejor de la situación en la que se encuentran, ya sea buena o mala, pero no son fáciles de llevar, ya que ese rasgo se ve superado por su determinación y su deseo de que las cosas vayan de una manera determinada, una que les dé comodidad y estabilidad.

Otro rasgo con el que a menudo se confunde a los taurinos es el de ser demasiado confiados. Tienen confianza en sí mismos y en sus capacidades, pero no son tan confiados como para irritar a los demás. No tiene que preocuparse de que un Tauro le robe el protagonismo o se lleve toda la atención. Les gusta hacer las cosas con tranquilidad, sin llamar la atención. Por supuesto, apreciarán cuando se reconozcan sus esfuerzos, pero no irán por ahí intentando presumir de ellos.

¿Cuándo brilla realmente un Tauro?

Tener fuerza de carácter no es algo que viene y va, sino que es algo que una persona desarrolla y crece con el tiempo. Hay ciertas estaciones y momentos en los que su signo del zodiaco brillará y saldrá a la luz. La temporada de Tauro es cuando los rasgos positivos de un toro salen a relucir obviamente. Esto es desde el 20 de abril hasta el 20 de mayo de cada año. Durante este periodo serán lo más parecido a sí mismos y pueden manifestar mucha vivacidad y éxito.

También se puede ver a un Tauro en su elemento cuando hace algo que le gusta y le apasiona, independientemente de la estación del año. Puede ser trabajando en el campo de sus sueños o pasando su tiempo con amigos leales o miembros de la familia que aman y aprecian, que es cuando todas sus cualidades positivas y fuertes se hacen evidentes y cobran vida.

Lo que necesita un Tauro para sobresalir

Cualquier persona necesita situarse en el entorno adecuado para que brillen sus capacidades más vitales. En el caso de los Tauro, necesitan estar rodeados de un sistema de apoyo fiable como ellos mismos para sobresalir en cualquier lugar en el que se encuentren. A los Tauros les gusta la estabilidad y tener constantes a las que puedan recurrir siempre que lo necesiten. Cuando se encuentran en un entorno cómodo y rodeados de una red de personas afectuosas con las que son compatibles, los verás convertirse en la mejor versión de sí mismos. Los taurinos necesitan personas honestas a su alrededor que les digan todo lo que necesitan saber sin rodeos, sin endulzar ningún hecho. Son personas pragmáticas que responden bien a la lógica y pueden manejar cualquier cosa que se les presente cuando tienen todos los datos.

Los taurinos no son seres complicados. Son pensadores muy directos que van por la vida con mucha determinación y ambición. Es casi imposible hacer tambalear la fe de un taurino en cualquier cosa en la que crea. Si los trata bien, pueden ser su mejor amigo y su confidente más leal. Tanto si es usted Tauro como si tiene un Tauro en su vida, debe conocer lo que hace que los nacidos bajo este signo sean especiales y únicos. Son cariñosos y amables, y cualquiera sería afortunado de tenerlos en su vida.

Capítulo 3: Los puntos débiles de Tauro

Como todos los signos del zodíaco, los Tauro tienen su justa cuota de defectos que deben ser abordados. Partiendo de la practicidad y los rasgos positivos de los taurinos que comentamos en el capítulo anterior, comprender sus 'debilidades' es una herramienta esencial para saber cómo tratar a un tauro. Si tiene un tauro en su vida o es uno de ellos, sabrá cómo esto puede ayudar a alcanzar la estabilidad que este signo busca y disfruta incesantemente. A diferencia de otros libros del mercado, no solo hallará una lista explícita de las debilidades de un Tauro, sino que llegará a comprender el porqué de cada rasgo.

En este capítulo, también aprenderá cómo se puede hacer que cada debilidad trabaje para usted o para su amigo o conocido taurino en lugar de hacerlo en su contra. Este es un libro que deseará sacar cada vez que esté listo para profundizar y obtener un sentido más profundo de sí mismo. Por otra parte, si no es usted un Tauro, necesitará este libro para saber cómo interactuar mejor con cada Tauro nuevo con el que se cruce en su vida. Una cosa que debe recordar, como ávido aficionado a la astrología, es que no podemos juntar a todos los taurinos, por lo que encontrará una sección separada dedicada a las debilidades de los taurinos nacidos en la cúspide hacia el final de este capítulo. Pero por ahora, centrémonos en los nativos de Tauro:

Terquedad

Existe una buena explicación de por qué un toro de dos cuernos es el símbolo del signo Tauro. Los taurinos son testarudos, tan increíblemente testarudos que se necesita mucho para hacerles cambiar de opinión sobre algo o alguien. Si tiene un Tauro en su círculo íntimo, sabrá lo difícil que puede ser convencer a su amigo Tauro de que vea su punto de vista o incluso de que acepte un punto intermedio. Los taurinos no toleran los "puntos medios", por lo que puede ser muy difícil que otras personas acepten siempre este enfoque único. Los compañeros de los signos fijos, como Leo, Escorpio y Acuario, pueden encontrar difícil cultivar una relación armoniosa con los taurinos, pero para los taurinos no se trata de ser tercos porque creen de todo corazón que su camino es el correcto.

Y la mayoría de las veces, su terquedad es el resultado de su fuerte aversión al cambio, como hemos mencionado anteriormente en este libro. A menos que tenga un argumento elocuente y bien pensado, nunca convencerá a su marido taurino de que invierta en una nueva secadora en lugar de arreglar la que tiene por tercera vez. Aunque parezca que nunca vaya a ganar con los taurinos de su vida, hay trucos que puede utilizar para sortear este desafiante rasgo.

No acorrale a los taurinos

Como todas las personas, cuando se les pone en una situación incómoda, los taurinos se verán impulsados a activar un mecanismo de defensa. Para tener una relación fluida con su cónyuge o amigo taurino, no dirija la conversación en la dirección de su palabra contra la de ellos; en su lugar, escuche primero lo que tienen que decir y luego añada algo a sus ideas. Puede ganárselos haciendo que sientan que están del mismo lado en lugar de utilizar calificativos innecesarios como "su idea" frente a "mi idea".

Mantenga una comunicación honesta y abierta

Para los signos más tranquilos, tratar con un taurino testarudo puede ser agotador y absorbente. pero esto no debería ser una excusa para evitar comprometerse con sus amigos Tauro por completo. Al contrario, intente mantener una conversación honesta y constante para conseguir su confianza y animarlos a ser más indulgentes en su relación.

Deles tiempo

Por ejemplo, apurar a su hijo taurino para que se incorpore a la rutina nocturna escolar después de haber estado en unas largas vacaciones de verano será contraproducente. Les hará bien a los dos si aceptan que necesitará más tiempo antes de incorporarse a la nueva rutina. Pero no solo debe aceptarlo, sino que debe demostrarle que lo entiende y que no pasa nada, y que está ahí para apoyarle si/cuando necesite su ayuda.

Estos simples cambios de perspectiva pueden ser todo lo que necesita para cultivar una relación más constructiva con los taurinos en su vida. Pero, ¿y si usted mismo es un taurino? ¿Cómo puede superar su terquedad y no dejar que se interponga en su camino? He aquí algunas técnicas que debería probar:

Pause y piense antes de actuar

A menudo, aunque no lo admita abiertamente, como la mayoría de los taurinos, tiene la creencia de que puede hacer las cosas mejor que los demás. También piensa que, independientemente de lo que sugieran los demás, sus ideas son probablemente superiores. Pero esta mentalidad puede alejar a sus seres queridos porque sienten que no necesita ni valora sus aportes.

Una excelente manera de evitarlo es hacer una pausa y respirar profundamente antes de juzgar la idea de alguien como buena o mala. Enséñese a escuchar más y a que no todo lo que ocurre delante de usted necesita una reacción. Con el tiempo, será más tolerante y podrá permitir que los demás se salgan con la suya de vez en cuando.

Aun así, necesitará un tiempo para acostumbrarse, pero si la intención de cambiar está ahí, acabará viendo los resultados.

Conozca a las personas que le rodean a un nivel más profundo

Esta técnica por sí sola puede ayudarle inmensamente con su terquedad. Cuando se esfuerza por conocer mejor a las personas que le rodean, aprende a confiar más en ellas y está más dispuesto a aceptar sus ideas en lugar de insistir en las suyas. Especialmente si todavía es joven o está empezando un nuevo trabajo o se ha mudado a un nuevo país, la única manera de tener éxito en estos escenarios es mostrar su interés y respeto hacia otras personas. No dé a sus nuevos compañeros de trabajo una razón para evitar trabajar con usted porque está demasiado obsesionado con salirse con la suya todo el tiempo. Exprese interés y curiosidad por los demás y verá cómo esto mejora sus relaciones y las hace mutuamente gratificantes.

Salga de su zona de confort más a menudo

Es cierto que es usted un taurino que odia los cambios, pero también es persistente por naturaleza. Si se propone ser menos obstinado, hará lo que sea necesario para lograrlo. Una de las mejores maneras de hacerlo es poniéndose en situaciones que normalmente intentarías evitar a toda costa. Si no le gusta reunirse socialmente, intente salir más y relacionarse con gente de todo tipo. De este modo, se expondrá a diversas mentalidades y orígenes, lo que le obligará a ser más tolerante. Con el tiempo, no necesitará imponer su punto de vista sobre el de los demás.

Lo interesante es que es probable que sus amigos y familiares empiecen a hacerle cumplidos y a darle palmaditas en la espalda por haberse vuelto más flexible, aunque usted no lo vea todavía. Pero cuando se dé un poco de tiempo y espacio para experimentar cada uno de los aspectos anteriores, se sentirá más cómodo en sus relaciones y aceptará mejor las nuevas situaciones.

Posesividad

Los taurinos son criaturas posesivas, ya sea con respecto a las personas o a las posesiones mundanas; les gusta reclamar la propiedad de lo que es suyo. En las relaciones, este rasgo puede resultar asfixiante para sus parejas. La naturaleza posesiva de un taurino es un subproducto de su inseguridad e incapacidad para celebrar los éxitos de los demás. Les hace sentirse menos que los demás o insuficientes como humanos, por lo que dan demasiada importancia a la propiedad. Si tiene una relación con un taurino, no lo tome como una señal de falta de confianza; de lo contrario, no podrán continuar juntos. Los taurinos posesivos solo pueden prosperar en relaciones en las que su pareja acepte pertenecer a ellos y convertirse en una extensión de ellos mismos.

Además de ser posesivos con las personas, los taurinos también lo son con sus posesiones y rara vez aceptan que otros compartan sus pertenencias, o su riqueza. Al ser hábiles con el dinero, los taurinos posesivos suelen dar la impresión de ser codiciosos y poco generosos. Aunque eso no es malo, no suele ser su intención. Si le cuesta enseñar a su hija nacida en Tauro la importancia de compartir, o está saliendo con un taurino y tiene problemas para disfrutar de una relación pacífica, hay una salida. Aquí tiene algunos consejos que pueden ayudarle:

Mostrar compasión

Descartar la posesividad como un rasgo inaceptable no le llevará muy lejos con los taurinos, sino que hará aún más difícil que confíen en usted, y puede que le dejen de lado por completo. Un mejor enfoque es mostrar compasión y reconocer sus sentimientos. Por ejemplo, puede hablar de la reciente pelea que tuvo con su novio celoso de una manera más comprensiva y cariñosa. Empiece expresando su agradecimiento por su amor y luego pregúntele qué le haría sentirse más cómodo para seguir adelante. El hecho de que haya adoptado este tono en lugar de culpar y señalar con el dedo le animará a relajarse y a mostrar más fe en usted.

Involucrar a sus amigos taurinos

En lugar de ignorar a su amigo taurino, involúcrelo más en sus planes. Dedíquele su tiempo y atención para que se sienta seguro y se relaje un poco. Cuando salga con otros amigos, pídale que le acompañe, de este modo, estará seguro de que no está intentando sustituirle.

Sea posesivo

Si no puede luchar contra ellos, ¡únase a ellos! Eso no quiere decir que usted base su relación en la atención asfixiante mutua. En cambio, puede intentar corresponder a los sentimientos posesivos de su pareja taurina de una forma más cariñosa y atenta, ya que es la forma en que expresan su amor.

Como taurino, aunque no esté preparado para asumir este rasgo de su personalidad, preste atención a los siguientes consejos para poder aplicarlos cuando esté preparado:

Autoanálisis

No hay que confundirlo con la autocrítica. El autoanálisis consiste más bien en conocerse mejor y analizar las inseguridades e inhibiciones subyacentes. Preste mucha atención a las situaciones que desencadenan sus celos o su posesividad. Hágase las preguntas difíciles y profundice para encontrar las respuestas. También puede trabajar con un terapeuta si cree que sus acciones están causando estragos en sus relaciones más cercanas. No será un viaje fácil, pero le abrirá los ojos y acabará por reconfortarle.

Dar siempre a los demás el beneficio de la duda

Para usted más que para otros, esto es esencial para cultivar relaciones saludables. Antes de sacar conclusiones apresuradas porque su novio se demoró en devolverle la llamada, piense primero en el millón de escenarios posibles y luego espere a que él llame. Esto no solo le ayudará a calmar su mente, sino que también dará a su pareja la oportunidad de relajarse y vivir más auténticamente sin preocuparse constantemente por su comportamiento posesivo.

Este viaje no solo se aplica a las relaciones románticas. Si le cuesta delegar en los miembros de su equipo algunas de sus responsabilidades en el trabajo, puede seguir el mismo enfoque. Hágase a la idea de que sus empleados quieren lo mejor para su empresa porque eso se refleja en su forma de vida. Recuérdese también que hacer este trabajo significa que ya tiene las habilidades y la experiencia necesarias. Cuanto más se convenza a sí mismo de que ve lo bueno en los que le rodean, más podrá mantener a raya sus tendencias controladoras.

Manténgase ocupado

Como Tauro muy trabajador, esto no debería ser un problema para usted. Centrarse en otras cosas que no sean las que desencadenan su naturaleza posesiva es una forma fácil de debilitar los efectos que tienen sobre usted. Pruebe un nuevo deporte o pasatiempo que pueda mantener su mente ocupada en lugar de correr desenfrenadamente cuando está libre. Es dudoso que se convierta en un individuo de temperamento suave que no responda en situaciones provocativas, pero se volverá más consciente de sus acciones, y descubrirá que hará un mejor trabajo para no herir a los que ama.

Cómo superar el miedo al cambio

Ya sea en su vida personal o profesional, los taurinos no solo desprecian el cambio, sino que lo temen. Para los taurinos, el cambio no es una idea que puedan contemplar fácilmente, aunque su vida dependa de ello. Si es un taurino, sabrá que incluso la idea del cambio puede causarle ansiedad. A este signo le gusta la estabilidad y prefiere vivir una vida predecible en la que todo vaya según lo previsto y esperado. Para otros signos más flexibles, como Géminis o Leo, la aversión de Tauro al cambio es un gran inconveniente, pero otros signos inseguros, como el supersensible Cáncer, confían en el 'estable' Tauro para que tome las riendas y mantenga las cosas firmes.

El miedo de Tauro al cambio está influenciado por su fuerte creencia en la estructura y por querer estar siempre en una situación en la que puedan esperar lo que viene a continuación. Esto podría explicar por qué tampoco les resulta fácil cambiar de opinión, ya que no saben cómo enfrentarse a un resultado desconocido. Sin embargo, esta cualidad suele ser más saboteadora para los propios taurinos que para quienes los rodean. Por ejemplo, un taurino en una relación fallida suele tardar más que los demás antes de desconectarse de una vez por todas. Incluso con su carrera, aunque la mayoría de los taurinos se dedican a su carrera y tienen éxito, suelen tardar mucho en admitir que su trabajo no es bueno y que necesitan encontrar uno nuevo. Para saber cuál es la mejor manera de lidiar con los taurinos esclavizados por la rutina en su vida, puede probar estos consejos.

Los taurinos odian el cambio

Puede que venga de un buen lugar queriendo ayudar a sus amigos taurinos a abrirse a la vida después de una mala ruptura, pero empujarlo a ello podría hacer más daño que bien. Es mejor que le proporcione el apoyo y la compañía que necesita hasta que decida avanzar por sí mismo. Pueden salir y hacer viajes divertidos juntos, pero no deberían hacer más. Cuando están bajo presión, los taurinos pueden volverse agresivos, alejando a sus seres queridos porque no saben de qué otra manera reaccionar.

Crianza y estímulo

Criar a un niño taurino que teme los cambios puede resultar desalentador para cualquier padre. Siempre estarán preocupados por ellos porque saben que un cambio de colegio o de profesor puede ser demasiado para ellos, pero lo mejor que pueden hacer es estar ahí para ellos. Demuéstrele que cree en ellos y que siempre les cubrirá la espalda. Además de las palabras, deje que sus acciones hablen por usted. Apoye a sus hijos desde la primera fila cuando jueguen su primer partido de fútbol en su nuevo colegio. Con el tiempo, verá que su hijo estará más dispuesto a afrontar el cambio en lugar de quejarse de él como suele hacer.

Miedo al cambio

Las personas nacidas bajo el signo de Tauro suelen ser realistas, pero su miedo al cambio puede impedirles volver a levantarse tras una caída. Su trabajo como amigo es ayudarles a encontrar el lado positivo. Hable con ellos sobre las lecciones que deben aprender de una mala experiencia y luego deles el espacio para hacer los cambios necesarios para superarla.

Una comprensión más profunda de las razones que hay detrás de su miedo al cambio puede ser solo lo que necesita para superarlo. Aquí hay consejos que puede utilizar para darle un empujoncito para hacer los cambios necesarios:

1. Cultive su fe

La mayoría de las veces, el cambio llega a usted cuando menos lo espera. La única manera de liberarse del miedo al cambio es tener más fe. Confíe en que todo sucede por una razón y que, independientemente de cómo vayan las cosas, al final será por un bien mayor. Cuando entrene su mente para creer que el universo está trabajando para usted y no en su contra, le resultará más fácil aceptar la idea del cambio.

2. Comprométase con el cambio

Aunque esto puede sonar contrario a la intuición, es una forma increíble de que un taurino testarudo y perseverante incline la balanza a su favor. Dicen que la mejor defensa es un buen ataque en el fútbol, y eso es exactamente lo que debe hacer con el cambio. En lugar de estar siempre en el extremo receptor, siendo alguien a quien no le gustan las sorpresas, tome la iniciativa y comience el cambio usted mismo. Pruebe algo diferente cada día. Puede ser algo tan sencillo como cambiar el pedido de su café o tomar una nueva ruta hacia su oficina. Estas pequeñas y sencillas acciones entrenarán a su subconsciente para que acepte el cambio como parte de la vida cuando lo haga de forma constante. Ya no lo verá como algo que debe evitar de todo corazón.

3. Aproveche su naturaleza práctica

Entre los 12 signos del zodiaco, usted es, de lejos, uno de los más prácticos. Aproveche su sentido práctico para vencer su miedo irracional al cambio. ¿Está empezando un nuevo trabajo? Concéntrese en el salario más alto y en todo el estatus que conlleva el nuevo título. El hecho de ser una persona con riqueza y que aprecia las cosas buenas de la vida puede ser suficiente para que se olvide de sus miedos.

4. Evite el cambio

Sí, ha leído bien. Siempre que pueda, y si no le hace retroceder en la vida, puede optar por evitar el cambio. No debería verse obligado a acoger el cambio con las manos abiertas solo para que los demás no piensen en usted como otro Tauro testarudo. Si una determinada forma de vida le funciona y no le hace daño ni a usted ni a nadie, entonces rechace esa oferta de trabajo en el extranjero y quédese donde está.

5. Pereza

Esto varía de una persona a otra, pero en general, los taurinos son relativamente más perezosos que otros. De nuevo, esto se debe a su necesidad de estabilidad y a su falta de entusiasmo por experimentar algo nuevo. La pereza es evidente en los niños taurinos. Si tiene un niño taurino en la familia, puede ver claramente que no es del tipo deportivo al aire libre; prefiere pasar el rato en paz dentro de casa. Pero no desespere porque hay cosas que puede hacer para que sean más activos.

6. No los mime en exceso

Mimar en exceso a los niños taurinos perezosos es una receta para el desastre. Con su comportamiento perezoso, el hecho de que se les concedan todos sus deseos solo hará que se conviertan en adultos sin criterio. Enseñe a su hijo taurino la importancia de trabajar por lo que quiere. Por ejemplo, si su hija taurina ha estado pidiendo un par de zapatillas nuevas, dele tareas para que las termine y páguele con el dinero para que se las compre ella misma. De esta manera, la animará a hacer algo con propósito en lugar de quedarse sin hacer nada.

7. Sea un buen ejemplo

Los taurinos constantes aprecian la coherencia. No puede esperar que sigan sus consejos si sus acciones contradicen su discurso. La mejor manera de inspirar a su amigo taurino a ponerse en movimiento es mostrándole la vida activa que usted lleva. Hacerle entender que es la forma correcta de vivir si quiere tener una vida larga y saludable probablemente le impulsará a hacer lo mismo.

Si usted mismo es un taurino perezoso, puede hacerlo:

8. Empezar poco a poco

Hacer cambios sencillos y constantes es la única manera de revertir la maldición de la pereza. En lugar de decidir por capricho hacer ejercicio todos los días, propóngase hacerlo 2 ó 3 días a la semana, y luego vaya añadiendo, más a medida que avanza.

9. Tome descansos poco frecuentes

Como la motivación no le resulta fácil, programe descansos poco frecuentes en los que pueda recargarse y despejar la mente antes de volver a terminar las tareas que tiene entre manos.

Cúspide Tauro

Como se prometió al principio de este capítulo, si ha nacido en la cúspide de Tauro, encontrará algo para usted aquí. Además de las cualidades nativas de Tauro, estar en la cúspide significa que Aries o Géminis influyen en usted, que son los signos contiguos a Tauro.

Cúspide Aries-Tauro

Nacer en la cúspide Aries-Tauro significa que ha nacido en la cúspide del poder. Es usted resistente y autoritario, pero el hecho de tener esta personalidad fogosa a menudo lo mete en muchos problemas porque no puede solo detenerse y pensar. Aunque no sea su intención, tiende a ofender a los que le rodean con sus descuidos.

Esto puede alejar incluso a sus amigos y familiares más cercanos. Sin embargo, si desea asegurarse de utilizar sus poderes en su beneficio, no pase por alto la amabilidad. En mayor medida que a otros, a sus palabras les vendría bien una pequeña capa de azúcar para equilibrar su brusquedad. Incluya una sonrisa, y podrá evitar alienar a los que ama sin perderse en el proceso.

Cúspide Tauro-Géminis

Como individuo nacido en la cúspide, está lleno de energía y entusiasmo, pero tiende a excederse y rara vez sabe cuándo parar. Ya sea de fiesta o comiendo, no hay quien le pare. Este comportamiento puede pasarle factura mental y físicamente y dejarle agotado. La mejor manera de superar el inminente agotamiento es practicar el autocontrol de forma consciente. Mantenga una conversación continua con su mente para evitar que devore toda la bolsa de patatas fritas de una sola vez. Con el tiempo, será capaz de mantener a raya este comportamiento destructivo.

Los taurinos son muy influyentes y uno de los signos más fuertes. Como ha leído en este capítulo, sus debilidades provienen principalmente de su rigidez e inflexibilidad. En los siguientes capítulos, verá cómo las debilidades mencionadas influyen en la forma de actuar de los Tauro en otros aspectos de la vida, como el amor, el trabajo y la familia.

Qué evitar como Tauro

Naturalmente, hay algunos rasgos negativos que puede tener un Tauro, y que pueden hacer la vida mucho más difícil si no se controlan. Es fácil ensimismarse un poco debido a la dinámica tan centrada que mantiene Tauro. Es crucial identificar las tendencias de comportamiento que no son saludables para usted y saber cómo maniobrar para ponerse a salvo.

Autoindulgencia

Dejarse llevar es uno de los malos rasgos de los Tauro. Esto puede significar que son autoindulgentes para garantizar que la diversión nunca se detenga, lo que hace que desarrollen el hábito de procrastinación. Al ser perfeccionistas, pueden mantener una gran trayectoria profesional, pero pueden desviarse fácilmente si su ambición se ahoga en la autoindulgencia y el hedonismo.

Pereza

Aunque los taurinos son muy ambiciosos, no son el signo más activo. Siempre es más difícil para las personas que valoran el perfeccionismo empezar algo debido al miedo a que no salga como lo han planeado. Un Tauro debe mantener siempre sus prioridades y centrarse en empezar la tarea rápidamente en lugar de dejarse encadenar por las dudas. Mantener una línea clara entre el trabajo y el tiempo de ocio es muy importante si quiere mantener una agenda saludable.

Materialismo

Un signo regido por Venus está obligado a tener un don para las cosas brillantes y caras. Es común que los taurinos piensen que la vida se basa en el éxito financiero. Aunque la libertad financiera es estupenda, no es lo único en la vida por lo que merece la pena trabajar. Ser flexible y apreciar las pequeñas cosas de la vida puede ayudar a Tauro a superar muchos retos difíciles.

Si es amigo de un Tauro, aprenderá mucha información que puede ayudarle a desarrollar una mejor comunicación con él, además de ayudarle en un apuro. No conocer los mejores rasgos que tiene y lo que necesita para desarrollar más su carácter puede ser un gran desperdicio en el caso de un Tauro. Como se menciona en este libro, un Tauro posee una abundancia de características sobresalientes.

Capítulo 4: El niño Tauro

Si tiene la suerte de ser el padre o la madre de un Tauro, debería contar con sus bendiciones. Los niños Tauro son de los más fáciles de educar y pueden llegar a ser seres humanos únicos. Al conocer todo lo que hay que saber sobre este signo desde una edad temprana, los padres podrán cultivar todas las habilidades que su hijo posee y ayudarle a desarrollar sus puntos fuertes de forma eficaz. El carácter de su hijo empezará a aparecer desde una edad muy temprana, incluso desde que es un bebé. Los bebés nacidos entre el 19 de abril y el 20 de mayo no se parecen a ningún otro recién nacido. Aquí está todo lo que necesita saber sobre ellos como padre o alguien que espera un bebé Tauro en la familia.

Características

Los bebés Tauro comienzan su vida y abordan cada acción que realizan de forma diferente. No son como cualquier otro niño que pueda conocer. Pueden ser muy tranquilos e incluso tímidos a veces. Para criar a los Tauro, hay que tener en cuenta tanto sus atributos emocionales como los lógicos. No siempre expresan sus sentimientos con palabras. Se puede ver más bien en sus acciones y en cómo interactúan con sus padres, otros miembros de la familia o incluso con diferentes personas de su entorno social cuando son niños. A veces, es necesario darles su espacio para que se sientan cómodos y puedan encontrarse a gusto consigo mismos.

Si uno de los padres es un Tauro, es posible que comprenda las necesidades de su hijo incluso más que ellos mismos. Recordar cómo era ser un niño nacido de la tierra y cómo a veces se puede sentir que nadie en el mundo entiende del todo la forma en la que se piensa o se siente puede ser bastante útil para un padre a la hora de criar a su hijo taurino. Le ayudará a relacionarse con experiencias personales del pasado y a entender cómo puede pensar su hijo y por qué a veces puede comportarse de la manera que lo hace.

Un niño Tauro tiene una amplia gama de características audaces. Son testarudos, emocionales, cariñosos y cálidos. Han nacido prácticamente para crecer en su papel de personas orientadas a la familia. Pueden tener una profunda conexión con sus madres, pero quieren a todos los miembros de su familia solo por los lazos de sangre que comparten. Además, son relativamente tranquilos, por lo que no serán tan irritantes como otros niños y no es probable que le hagan pasar un mal rato, aunque estén enfadados por algo. Enseñarles una lección no será difícil, ya que les gusta escuchar y seguir las reglas. En general, son niños obedientes que probablemente se convertirán en adultos exitosos con gran potencial.

Los niños Tauro en casa

Todos los niños se sienten más cómodos cuando están en casa, ya que es donde tienen el máximo espacio personal sin dejar de estar rodeados de sus seres queridos. Es un equilibrio perfecto para un niño Tauro, y es el entorno ideal para brillar. Puede que no siempre sea cómodo estar en casa con un niño Tauro, ya que a veces pueden volverse demasiado testarudos, y sus padres pueden perder la paciencia. Cuando son obstinados, los padres deben entender que negociar con lógica es la clave para resolver las discusiones en estos casos. Por supuesto, con un niño, la lógica madura puede no ser el camino a seguir. Sin embargo, si les explicas todos los hechos y les haces partícipes de tu forma de pensar como padre, puede que se lleven bien con usted y se vuelvan menos testarudos.

La crianza de los hijos consiste en conocer sus rasgos y ver cómo puedes ayudarles a desarrollar sus puntos fuertes y a convertir sus rasgos negativos en positivos. Si un padre es lo suficientemente racional en casa con su hijo, este se convertirá en un individuo decidido en lugar de obstinado. Además, acabarán siendo adultos responsables que tienen mucho respeto y aprecio por sus padres, ya que los taurinos tienen fuertes lazos con sus familias desde el momento en que nacen. Los niños nacidos bajo este signo zodiacal son cariñosos y mimosos incluso cuando son bebés, por lo que todo lo que necesitan para crecer y convertirse en adultos con logros considerables es ser queridos y respetados en sus propios hogares.

Los niños Tauro en la escuela

En lo que respecta a la educación, los niños Tauro responden especialmente bien al aprendizaje sensorial. Son niños con una capacidad sensorial realmente elevada y pueden aprender mucho utilizando cada uno de sus cinco sentidos. Los niños de este signo del zodiaco aprenden de forma lógica y metódica. A veces pueden volver locos a sus padres y profesores cuando no responden bien a los deberes o trabajos prácticos que se les asignan. Sin embargo, los adultos pueden notar fácilmente cómo siguen obteniendo grandes resultados en los exámenes, por ejemplo. Esto se debe a que estos niños asimilan la información, la entienden completamente y la analizan en sus pequeños cerebros, para luego seguir adelante con sus vidas. Puede que no todos sean genios o ratones de biblioteca, aunque tal vez algunos lo sean, pero siguen un enfoque sistemático en el aprendizaje que funciona de forma lenta y constante hasta que acaban ganando la carrera.

En asignaturas como las matemáticas y la física es donde más brillan estos taurinos. También pueden ser muy buenos en los deportes y en las clases de arte, y tienen un gran oído musical. No son tan buenos en las asignaturas teóricas y en cosas como el aprendizaje de idiomas o la historia. Como son lógicos y les gusta contar cada movimiento, trabajan mucho mejor con las ciencias y pueden lograr excelentes resultados en dichas materias.

Rasgos del niño Tauro

Un niño Tauro es un individuo con una mente propia. De pequeños, los niños Tauro no se dejarán presionar bajo ninguna circunstancia. Harán las cosas a su manera y en su propio tiempo, o los padres deberán sufrir un infierno en la tierra. Los padres pueden superar este problema con sus hijos mostrándoles mucho amor y afecto. Con el tiempo, su actitud mejorará, y aprenderán a comprometerse por el bien de sus seres queridos, pero solo de sus seres queridos. Los niños Tauro nunca se dejarán intimidar ni soportarán el acoso de nadie. Son la definición definitiva de un macho alfa. Déjelos en una habitación con otros chicos de su edad, y dominarán en cuestión de minutos.

Por lo general, los chicos quieren a sus madres más que a nadie en todo el mundo. Este vínculo puede ser aún más fuerte con un niño Tauro que con cualquier otro niño nacido bajo un signo zodiacal diferente. Esto se debe a que los taurinos desean mucho amor y comprensión porque les produce mucha alegría y satisfacción. Tienen confianza en sí mismos, y esa confianza comienza con el amor que una madre les muestra durante sus primeros años. La atención de un padre también es esencial, pero el amor materno es lo que puede marcar la diferencia en la educación de un niño Tauro.

Con su círculo social, ya sea en la escuela o con sus amigos o familiares en cualquier lugar, los Tauro no son de los que se quedan tímidos en una esquina esperando que alguien los incluya. Saben cómo abrirse paso en un grupo e incluso liderar la sala en ciertas ocasiones. La atención no es precisamente lo que buscan, aunque les gusta ser respetados y reconocidos en todo lo que hacen.

Rasgos de las niñas Tauro

Una niña Tauro ha nacido para mandar desde el primer día. No le gusta que le digan lo que tiene que hacer. La gente trabaja según su horario, no al revés. La organización es su segundo nombre, incluso de niña. También es esencial darse cuenta desde el principio de que si a un bebé Tauro no le gusta algo, ninguna cantidad de insistencia por parte de los padres le hará cambiar de opinión. Esto puede aplicarse a la comida, a los juguetes e incluso a lugares específicos. Ella será muy expresiva acerca de sus sentimientos y no rehuirá una discusión.

Las niñas Tauro son grandes oyentes. Les gusta que les cuenten historias, especialmente si son de sus padres o sobre ellos cuando eran más jóvenes. También pueden estar cerca de sus abuelos. Si una niña Tauro es la primogénita de sus padres, los abuelos probablemente la llenaran de muchos mimos y amor que una niña Tauro adorará.

Estas jóvenes pueden ser lindas, pero muy maduras para su edad. No puede engañarlas porque le reventarán casi instantáneamente con su aguda mente. Son tenaces y decididas, así que no importa qué habilidades creativas y trucos se les ocurran a los padres para conseguir que hagan algo diferente, es probable que sus intentos fracasen. A la niña Tauro a menudo le resulta algo divertido presenciar los intentos fallidos de sus padres por sacarla de su rumbo y, al final, simplemente se rinden a los deseos de la niña, pero no son niñas salvajes. Son predecibles y disfrutan de la estabilidad y la disciplina en todos los ámbitos de la vida a medida que crecen.

Aficiones e intereses

Una de las muchas cosas buenas de los niños Tauro es que se comprometen con cualquier cosa que se propongan. En cuanto se interesan por algo o tienen una afición concreta, no suelen echarse atrás como otros niños. A veces, esto puede hacer que parezcan un poco obsesivos, lo que no siempre va bien con los padres, pero es esencial darse cuenta de que este rasgo es saludable. Les ayuda a comprometerse con cosas más necesarias en la vida a medida que crecen y a no echarse atrás en nada de lo que han empezado.

Los niños Tauro suelen interesarse por actividades y aficiones que implican reglas y disciplinas fijas para ellos. Los juegos caóticos y las actividades desordenadas no son algo que les guste. Disfrutan con los juegos mentales y los rompecabezas que ponen en marcha su capacidad de pensamiento lógico, donde pueden analizarlo todo y llevar a cabo tácticas inteligentes. Los juegos de mesa y los juegos de cartas también les parecen emocionantes, aunque pueden variar de un niño a otro.

Entre los pasatiempos que pueden adoptar y en los que muestran un gran interés desde el principio están los pasatiempos artísticos. Puede que les guste pintar o tocar música. Esto es algo que los padres tendrán que notar y alimentar desde las primeras etapas de la vida de su hijo. Si estas habilidades y aficiones son bien alimentadas por los padres, los niños pueden llegar a ser personas brillantes y creativas que produzcan obras de arte inigualables.

Estabilidad y rutina

El cambio no es algo que ningún taurino aprecie. En cuanto puedan expresarse un poco, incluso de pequeños, mostrarán signos de que les gusta la estabilidad y la rutina en lugar de las sorpresas y los cambios repentinos. La familiaridad lo es todo para estos niños, ya sea con las personas, los lugares o incluso la comida. Llevarlos a nuevos lugares para que conozcan a gente nueva puede ser todo un reto. Sin embargo, esto puede resultar más fácil a medida que crecen y van a la guardería o al colegio. En cuanto los taurinos se sienten cómodos con los que les rodean y desarrollan una sensación de familiaridad, se convierten en los niños más simpáticos del mundo y pueden hablar y reírse y ser simplemente ellos mismos. De lo contrario, no se sentirán cómodos en ningún entorno nuevo y eso se notará rápidamente en su actitud.

Desarrollar una rutina con un niño Tauro es una de las cosas más fáciles que puede hacer un padre. Es recomendable para que tanto el niño como el padre puedan convivir en armonía. Esta rutina debe aplicarse a todo, desde el establecimiento de un horario de sueño estricto hasta la planificación de las comidas diarias y asegurarse de que el día se desarrolle de acuerdo con un plan establecido sin apenas margen para las sorpresas. Esta rutina puede facilitar mucho la vida de los padres, especialmente con los niños de Tauro, ya que les permitirá planificar sus días en función de sus bebés. Además, podrán encontrar algo de tiempo para sí mismos de vez en cuando en medio de sus apretadas agendas.

Exploración de los sentidos

Los niños Tauro experimentan todo en la vida a través de sus sentidos. Olerán, sabrán, oirán, verán y sentirán cada pequeña cosa y cada detalle que les rodea. Nada más al nacer, empezarán a agarrar cosas y a llevárselas a la boca después de analizarlas con los ojos y la nariz. Cuando se conviertan en niños pequeños y consigan sostener el peso de su cuerpo para gatear, cualquier cosa que esté a la altura de sus ojos probablemente se la llevarán a la boca.

A estos niños les encanta comer con gusto. Por lo tanto, no es probable que los padres tengan problemas con ellos en ese sentido, pero es posible que se enamoren de una pequeña selección de alimentos y no quieran probar nada más durante un tiempo. Los padres deben seguir ofreciendo a sus hijos alternativas saludables de vez en cuando, sin forzarlos, y al final acabarán probándolas por sí mismos.

También es posible que estos niños se aferren a ciertos juguetes u osos de peluche, ya que exploran sus sentidos y buscan un plus de afecto. Los padres no deben privar a sus hijos de eso y, en cambio, deben intentar animarles a desarrollar sus sentidos de forma saludable. Pueden hacerlo ofreciéndoles juguetes educativos que les permitan utilizar todos sus sentidos de forma eficaz.

Estabilidad emocional

Los niños de Tauro tienen una personalidad muy arraigada. Les gusta que las cosas se hagan de una manera determinada y solo les gusta una selección de elementos, por lo que si se les ofrecen alternativas o se les sorprende con cambios repentinos de planes, pueden tener rabietas maniáticas. Los niños Tauro suelen ser muy tranquilos y emocionalmente estables solo si todo se hace a su manera y reciben suficiente amor y afecto. En cuanto hay un cambio en su rutina, pueden volverse rápidamente destructivos y agresivos hasta que los padres ceden y les dan lo que quieren.

Es responsabilidad de los padres evitar fomentar este comportamiento. Pueden hacerlo manteniendo conversaciones racionales con sus hijos. Es crucial explicar todo con lógica y exponer todos los hechos y consecuencias. También puede ser necesario castigar adecuadamente a los niños cuando se vuelven agresivos. Esto debe hacerse para controlar estos episodios de ira y enseñar a los niños Tauro a expresarse racionalmente.

Mantenerse activo al aire libre

Una de las cosas en las que los Tauro, como niños, destacan es en mantenerse activos al aire libre. No son niños perezosos que se sientan en casa todo el día sin hacer nada o simplemente jugando a los videojuegos. Estos niños son exploradores a los que les gusta alimentar su curiosidad natural saliendo al exterior y aprendiendo sobre el mundo. Puede que no se conviertan en atletas, pero aún así pueden rendir bien en ciertos deportes. El simple hecho de salir al exterior y empaparse de la luz del sol puede ser todo lo que necesitan para prosperar.

Los taurinos son seres terrenales que disfrutan de todo lo que ofrece este planeta. Explorar el aire libre utilizando todos sus sentidos es algo que les permitirá desarrollar sus rasgos positivos y aprender más sobre el mundo. A estos niños les gusta especialmente estar al aire libre con sus padres, ya que pueden formar un vínculo con su familia y con la tierra como elemento principal. Considere la posibilidad de llevar a sus hijos al patio trasero o al parque, donde podrán verlos en un entorno natural e incluso escuchar música divertida de fondo mientras juegan y se mantienen activos. Esto puede ser estupendo para un niño Tauro en desarrollo.

Rasgos físicos

Los jóvenes Tauro son encantadores. Tienen rasgos atractivos y casi siempre llevan los mejores genes de la familia. Como les encanta estar activos y relacionarse con el mundo al aire libre, suelen estar en forma y mantener una figura saludable al crecer. Incluso con la comida, aunque pueden ser quisquillosos, suelen preferir las opciones de comida saludable. Sus rostros son muy simpáticos y bonitos, lo que les hace fácilmente accesibles a otros jóvenes de su edad en la escuela o en cualquier área de juegos.

Habilidades artísticas

La creatividad y la innovación son lo segundo para cualquier Tauro. Por eso pueden convertirse en grandes artistas o hacer una carrera de éxito en ese sector. Todo comienza cuando son jóvenes, incluso desde que son niños pequeños. Estarán muy interesados en la música y el baile. También les puede gustar dibujar y crear sus propias obras maestras. Algunos incluso pueden mostrar interés por la cocina, ayudando a sus padres en la cocina e intentando preparar sus comidas. Sus padres deberían fomentar todas estas habilidades artísticas para que puedan convertirse en artistas de éxito.

Los niños de Tauro son artistas natos y solo necesitan la orientación adecuada para florecer. No necesariamente crecerán como pintores o bailarines, o incluso como cantantes. Pueden encontrar su vocación en el sector creativo en general. Si sus habilidades se cultivan y apoyan de niños, se convertirán en adultos innovadores. Todo lo que se necesita es un poco de apoyo de los padres y orientación en la dirección correcta cuando notan que tienen un sentido artístico agudo en una forma de arte u otra.

Los mejores juguetes para los niños Tauro

A todos los niños les encantan los juguetes; no hay ninguna excepción a este hecho. Lo único que difiere de un niño a otro es el tipo de juguetes con los que les gusta jugar. A los jóvenes Tauro les gustan los juguetes que hacen cosquillas a sus cinco sentidos y a sus habilidades artísticas. Los pequeños instrumentos musicales pueden ser los mejores juguetes para los bebés y los niños pequeños. Se divertirán mucho cogiendo el kit musical y tocando canciones todo el día. Los libros para colorear y los dibujos pueden no ser juguetes, pero son algo que un niño Tauro mayor disfrutará.

A los niños Tauro también les pueden gustar los juguetes que pueden utilizar al aire libre para mantenerse activos. Conseguirles una bicicleta es un gran paso para los padres, ya que se divertirán jugando al aire libre y manteniéndose en forma. Los padres también podrían considerar dejar que sus pequeños Tauro jueguen en el jardín o en la tierra. Conviene regalarles juguetes para cavar y un kit de jardinería para niños.

Los mejores libros para los niños Tauro

Los niños Tauro suelen sorprender a sus padres por lo mucho que les gusta leer. Incluso aquellos que son demasiado jóvenes para leer libros por sí mismos disfrutan de un tiempo de calidad con sus adultos favoritos que les leen cuentos antes de dormir. Los libros sobre la exploración de la naturaleza y los personajes de ficción en la naturaleza pueden ser bastante intrigantes para los niños Tauro, y les ayudarán con su vocabulario y a entender el mundo que les rodea. A estos niños también les encanta la jardinería, ya que su elemento es la tierra. Los libros sobre jardinería y árboles serán perfectos para enseñarles un par de cosas sobre la naturaleza. Esto los mantendrá entusiasmados y deseosos de realizar tareas como la jardinería y el cuidado de las plantas por su cuenta.

Las mejores actividades para los niños Tauro

Los padres suelen querer que sus hijos se dediquen a cualquier actividad beneficiosa cuando son pequeños para desarrollar sus habilidades desde el principio y alimentarlas a medida que maduran. Algunos padres llevan a sus hijos a diferentes clases educativas, como el aprendizaje de nuevos idiomas o nuevas habilidades. Otros inscriben a sus hijos en equipos deportivos para ver si tienen facilidad para los deportes y tal vez un futuro de atleta. Los niños nacidos bajo este signo zodiacal son grandes aficionados a las actividades artísticas y al aire libre. Por lo tanto, cuando los padres elijan una actividad adecuada para su niño o niña Tauro, deberían recordarlo.

Las clases creativas, ya sea de dibujo, canto, baile o música, son una excelente opción para estos niños. Estos cursos no les exigirán demasiada actividad, pero tendrán la suficiente para prosperar a medida que crezcan. Es una forma de que den rienda suelta a el artista que llevan dentro y comiencen un exitoso viaje creativo en ese sector.

Otra actividad que funciona perfectamente para estos niños es cualquier actividad al aire libre que les lleve a la naturaleza. Cosas como el senderismo, la acampada, la pesca y la jardinería pueden ser de verdadero interés para los niños Tauro desde una edad muy temprana y pueden ayudar a formarlos a medida que crecen.

Consejos para la crianza

Criar a un niño no es una tarea fácil. Está llena de retos emocionales y físicos para ambos padres, y es algo que cualquiera que esté esperando un hijo debería recordar incluso antes de que nazcan sus bebés. En el caso de la crianza de un niño nacido bajo el signo zodiacal de Tauro, los desafíos particulares pueden ser más manejables que otros. A medida que su hijo crece, sus habilidades de crianza deben cambiar y desarrollarse para estar a la altura de sus necesidades. Cada minuto que su pequeño hijo de Tauro crece, tendrá que tratarlo de forma diferente según su madurez creciente.

Primeros años

Los bebés Tauro necesitan mucho amor y afecto. A medida que crezcan con los años, necesitarán ese derroche de amor y afecto, pero cuando son bebés, lo necesitan mucho más que en cualquier otro momento de su vida. Si los padres abrazan a sus recién nacidos y los colman de amor y besos, es probable que se queden tranquilos e incluso sonrían y rían para ellos todo el tiempo. En cuanto sus bebés se conviertan en niños pequeños, anímelos a desarrollar sus aficiones e intereses, y haga que se mantengan activos en la medida de lo posible. Esto les permitirá utilizar todos sus sentidos y crecer para ser más creativos y conscientes.

La adolescencia

Ser adolescente es duro tanto para los padres como para los hijos, y eso siempre es así. Cuando un niño Tauro está a punto de llegar a la adolescencia, es probable que muestre una faceta diferente de su personalidad mientras intenta aprender más sobre sí mismo. Es un período en el que quieren ser amados y apoyados por sus padres e intentan buscar cierta independencia de ellos para hacer las cosas a su manera. La terquedad puede ser lo más destacado de este periodo en los adolescentes Tauro, y es tarea de los padres controlar este comportamiento mediante discusiones lógicas y exponiendo todos los hechos.

Años de juventud

Cuando su hijo llegue al final de su adolescencia y se convierta en un adulto o un joven adulto, se irá de su lado lentamente, lo que no es algo que muchos padres encuentren fácil de aceptar. Pero los padres deben darse cuenta de que sus hijos siempre les querrán y apreciarán, aunque no vivan bajo el mismo techo ni sigan las mismas reglas. Cuanto más rápido lo acepten, mejores padres podrán ser para ellos en su viaje para hacerse mayores y experimentar el mundo como toros tenaces.

Ser bendecido con un hijo Tauro es una experiencia emocionante y enriquecedora. Si usted mismo ha sido un bebé Tauro, puede darse cuenta de cómo el viaje de crecer puede ser una montaña rusa de emociones y desafíos. Los Tauro son fáciles de criar si son bien comprendidos y apoyados por sus padres. Son como cualquier otro niño que necesita mucho amor y afecto para prosperar en el mundo y convertirse en adultos exitosos con estabilidad en sus vidas.

Capítulo 5: Tauro en el amor

Las relaciones son las que hacen de la vida un viaje maravilloso. Encontrar a alguien que ames y que te corresponda puede ser una de las mejores cosas de embarcarse en una nueva relación. Si se enamora de un Tauro, debería considerarse afortunado. Estos toros celestes son puro buen gusto, así que el hecho de que un Tauro se enamore de usted también dice mucho. Los nacidos bajo este signo del zodiaco de tierra pueden ser grandes parejas. Son cariñosos, leales y amables con sus seres queridos. Es dudoso que un Tauro sea descrito como un rompecorazones. Tanto si es usted Tauro como si cree que se está enamorando de uno, aquí tiene todo lo que debe saber sobre los taurinos en el amor.

Lo que buscan en una relación

A los taurinos les encanta estar enamorados. El afecto significa mucho para ellos, y harán cualquier cosa para recibirlo y colmar de él a su amante. Cuando los taurinos se meten en una relación, lo hacen a largo plazo. Los ligues y las aventuras de una noche no les interesan a estos seres celestiales, ya que lo suyo es la estabilidad y el compromiso. No presionarán a su pareja para que se comprometa demasiado rápido ni la asfixiarán con lo mucho que desean una relación a largo plazo. Aunque, lo aclararán desde el primer minuto de esa relación están tras un compromiso estable construido para durar.

Mientras estén juntos, un Tauro no dejará de luchar por usted. Es un hecho conocido que los taurinos son tercos, pero si está saliendo con uno, piense en esa terquedad como pasión. Harán cualquier cosa por sus seres queridos y trabajarán continuamente para mejorar la relación con su pareja. Es justo decir que ocupan el primer lugar en la clasificación de los mejores amantes del calendario zodiacal.

¿Por qué son grandes amantes?

Los criterios del amante perfecto suelen variar de una persona a otra. Sin embargo, hay algunos fundamentos que hacen que una pareja sea estupenda, de los que todo el mundo puede dar fe. Estos fundamentos son los que hacen que la relación sea tan fuerte y estable para quienes buscan compromisos a largo plazo. Estar involucrado románticamente con un Tauro debe hacer que usted espere ciertas cosas que normalmente no obtendría con cualquier persona nacida bajo un signo zodiacal diferente. Estas son las características que debes esperar:

Lealtad

La confianza es la base de cualquier relación sana. Los que quieren estabilidad y tranquilidad en sus vidas siempre buscan parejas leales y comprometidas con las que puedan contar y en las que puedan confiar de corazón. Eso es algo que se puede encontrar fácilmente en un Tauro. Son intensamente leales y entregados a la persona con la que están, contra viento y marea. No necesitan un voto "en las buenas y en las malas", ya que de todos modos es así como actúan. En cuanto encuentran a alguien que los haga felices, son suyos a largo plazo y no se fijarán en nadie más bajo ninguna circunstancia.

Romántico

Las primeras impresiones de un Tauro no siempre revelan lo sensibles y románticos que son, pero estar en una relación con uno de ellos suele ser como vivir en un cuento de hadas. A los Tauro les gusta el afecto y colmar de amor a sus parejas, y nunca tienen miedo de demostrarlo en cada oportunidad que tienen. Son muy cariñosos y les encanta acurrucarse con sus parejas para expresar lo mucho que les importan. También aprecian las cosas bonitas de la vida. Por lo tanto, los Tauro gastan mucho dinero en sus parejas, les hacen regalos y realizan viajes de lujo de vez en cuando solo para mimarlas y tratarlas bien. Lo único que un Tauro espera a cambio es el amor y el respeto mutuos y la muestra de aprecio por todos sus esfuerzos.

Profundidad en las emociones

Hablar de las emociones y ser vulnerable ante los demás no es algo que muchas personas puedan hacer. Para salir con alguien, deben mostrar ese lado de ellos y ser abiertos con usted para que pueda conocerlos plenamente. Los taurinos no tienen ningún problema en abrirse a sus seres queridos y en mantener conversaciones profundas sobre sus emociones o en ser vulnerables cuando están cerca de ellos. No expondrán sus sentimientos tan profundamente a menos que sea con alguien en quien confíen y amen plenamente. Así que una vez que un Tauro se abra a usted, debe saber lo especial que es usted para él. Estas conversaciones son las que pueden hacer más fuerte una relación con un Tauro, y ambos estarán listos para enfrentar todo lo que la vida les depare.

Ambicioso

Estar en una relación a largo plazo con alguien significa tener que pensar en el futuro en un momento u otro. No se trata solo de lo que el futuro tiene reservado para la relación en sí, sino de lo que será para los individuos de esta pareja en términos de sus carreras y vidas personales. La planificación es algo natural para los Tauro. Son extremadamente ambiciosos y siempre buscan ser mejores y más exitosos en cualquier cosa que se propongan, ya sea en su carrera o en su vida personal. Las sorpresas no son algo que les guste, por lo que tendrán un plan establecido para todo lo que les gustaría conseguir y lograr en su vida. Si tienen a alguien a quien quieren, seguro que lo incluirán en ese plan.

Apasionado

Los taurinos son testarudos; eso es un hecho innegable. Sin embargo, si tiene una relación con uno de ellos, es más probable que esta terquedad se convierta en pasión. Los nacidos bajo este signo del zodiaco luchan por todo lo que creen a toda costa. Por eso, si creen que es usted quien les conviene, lucharán por usted con uñas y dientes, permaneciendo dedicados a usted contra viento y marea. No importará lo que el mundo piense de su relación ni lo que nadie diga para hundirlo. Una vez que tienen su corazón y su mente puestos en alguien que creen que es material de pareja, mostrarán su pasión por ellos y harán lo que sea necesario para mantenerlos cerca.

Dedicado

Un Tauro es conocido por ser un trabajador duro, pero el trabajo duro no solo se limita a la oficina o a que sean un poco adictos al trabajo. Llevan ese rasgo en todos los aspectos de su vida. La dedicación a sus seres queridos es algo natural para un Tauro, por lo que sus parejas nunca deben preocuparse de que no se esfuercen lo suficiente en la relación o lo den todo. Estos individuos Tauro no pasan por nada si no están dispuestos a poner su corazón y su alma en ello y a dar incansablemente todo lo que tienen. Eso incluye sus relaciones románticas, en las que estarán obsesionados con su otra mitad, de forma sana, y probablemente harán cualquier cosa por ella.

Misterioso

El periodo inicial de cualquier relación siempre está lleno de misterio y electricidad. La pareja quiere aprender todo sobre el otro e impresionarse mutuamente con su carácter y personalidad. Los taurinos pueden ser un poco misteriosos al principio y no mostrar todas sus cartas a la vez. Intentarán impresionar a quien tengan en mente, pero no se abrirán demasiado pronto. Una vez que confían en su pareja y comparten cosas sobre su pasado y cómo son, uno puede ver rápidamente que son mucho más de lo que parece. Es una de las cosas más atractivas de los taurinos, ya que solo permiten que ciertas personas derriben sus muros y echen un vistazo a su alma.

Lo que le gusta y lo que no le gusta

Amar a un Tauro no es una tarea complicada. Son seres sencillos que solo necesitan un poco de amor y aprecio para prosperar en cualquier relación. La mayor atracción para un Tauro es la capacidad de entenderlos tan bien y ser sensual a su alrededor. Planificar citas sencillas, ni demasiado extravagantes ni demasiado baratas, puede ser lo mejor que una pareja haga por su amante Tauro. Los Tauro son muy conscientes de sus finanzas, por lo que no necesitan que alguien gaste cantidades locas de dinero en ellos para hacerlos felices. En cambio, prefieren pasar largas horas con sus amantes hablando de cosas importantes y pasando tiempo de calidad juntos por las mañanas y las noches.

En lo que respecta a las desventajas de un taurino, no son de los que aprecian sentirse como "plan b". Tampoco esperan que sus amantes les den prioridad el cien por cien de las veces, pero siempre es más agradable cuando están justo en la lista de prioridades de su media naranja. No hay nada que ponga más de los nervios a un taurino que la cancelación de planes en el último momento. Estos seres terrenales se dedican a planificar y odian las sorpresas hasta la médula. Por lo tanto, si planifican y confían en que van a hacer algo con sus parejas y lo cancelan de repente, pueden iniciar discusiones masivas. Del mismo modo, a los taurinos les encanta que sus amantes se esfuercen en la relación. Por eso, si en algún momento tienen la sensación de que su pareja no se esfuerza por conquistar a su media naranja y se conforma con cualquier cosa, un Tauro se cerrará a la relación y perderá el interés rápidamente.

Las mejores parejas

Encontrar la pareja perfecta puede ser un reto. Todo el mundo quiere ser amado y comprendido para poder prosperar en una relación sana. Por eso, la gente suele tener montones de citas antes de poder decir finalmente que ha encontrado a "el elegido". Pero analizar su signo zodiacal en comparación con otros signos zodiacales puede ser solo lo que necesita para encontrar a su otra mitad. Todos los signos del zodíaco tienen cierta compatibilidad con otros signos del zodíaco; solo se trata de encontrar esa pareja celestial perfecta hecha en el cielo. Dado que el elemento principal de los Tauro es la tierra, se llevan bien con otros signos de tierra. Aquí están algunos de los mejores partidos para un Tauro y cómo será su relación.

Virgo

Los Virgo y los Tauro pueden ser la pareja más pacífica que pueda conocerse. Ambos odian los dramas y son muy francos el uno con el otro. Esta pareja de seres terrenales es de lo más sofisticada. Son pensadores lógicos que sopesan todos los hechos y mantienen discusiones racionales sobre su relación. La gente suele describir a esta pareja como un dúo encantador. Les gusta ocuparse de sus propios asuntos, pero son muy amables con los demás, y eso se nota en la forma en que tratan a todos los que los rodean. Son muy tradicionales y, si viven juntos, sus espíritus se reflejarán en su hogar con un despliegue de creatividad y calidez. Ocasionalmente, la pareja puede ser un poco sentenciosa, pero no será demasiado agresiva ni ofensiva para nadie. Tauro y Virgo son personas de mente abierta e intelectual, lo que probablemente se deba a que Venus los rige a ambos.

Piscis

Estos dos signos estelares son una pareja sensual regida por los planetas Venus y Neptuno. El hecho de que los taurinos y los piscianos se unan solo puede significar una cosa: una vida lujosa y confortable. A esta pareja le gustan las comidas gourmet y tiene un don para los vinos caros y los eventos sofisticados. Los taurinos no siempre hacen alarde de su amor por la suntuosidad, pero con un poco de estímulo de su pareja de Piscis, pueden ir a por todas. Los nacidos bajo el signo zodiacal de Piscis son imaginativos y están en contacto con sus emociones. Esto los hace perfectos para los taurinos, a quienes les encanta hablar de temas profundos y ahondar en sus emociones junto a su pareja sentimental. Esta pareja es increíblemente dinámica y controla su relación de una manera que no permite que la acumulación emocional obstaculice nunca su amor.

Capricornio

Los taurinos son conocidos por ser tercos en ocasiones. Los Capricornio son perfectos para ellos en ese sentido, ya que pueden igualar fácilmente su persistencia y llegar a un equilibrio transitorio con ellos en todo momento. Este dúo se lleva muy bien, especialmente con su amor y pasión por el trabajo. Ambos pueden ser adictos al trabajo, pero su ambición y determinación para triunfar en sus respectivas carreras es lo que podría unirlos en primer lugar. La estabilidad financiera es la prioridad número uno para este dúo, por lo que no es probable que discutan por dinero, ya que ambos son bastante sensatos con sus gastos. Aunque ambos signos del zodíaco aman la organización y planifican cada pequeño detalle, los Capricornio pueden tener un poco más de disciplina que los Tauro. Esto no causaría discusiones, pero los Capricornio tienden a presionar a su compañero Tauro para que se esfuerce más y se mantenga motivado en comparación a como lo haría fuera de la relación.

Tauro

De vez en cuando, las estrellas se alinean para que se produzca una pareja de toro y toro, la definición perfecta de una pareja de poder. Esta pareja se caracteriza por ser lenta y constante. Están en la relación a largo plazo y están comprometidos el uno con el otro. Son una pareja poderosa debido a su afición por el amor. Aprecian la belleza del otro y pueden ser cariñosos a puerta cerrada. Regidos por

Venus, suelen vivir en una casa más parecida a una galería de arte que a un hogar. Como los Tauro tienen un alto sentido artístico y aprecian la belleza en todo, les gusta desplegar su creatividad si viven bajo el mismo techo. El hogar de una pareja de Tauro suele ser el corazón de las reuniones familiares. Esta pareja ama sus lazos de sangre y busca reunir a todos en todas las ocasiones. Pueden ser anfitriones de fastuosas fiestas y reuniones siempre cálidas e inclusivas. La pareja de poder también es probable que sean grandes padres, ya que pueden dar un gran ejemplo de amor y disciplina que cualquier niño sería afortunado de tener.

Las peores parejas

Así como hay signos estelares que siempre son compatibles juntos, hay otros que solo no lo son. Algunas de estas parejas pueden ser agradables y soñadoras al principio, pero pueden convertirse en una relación fallida demasiado pronto. Hay algunas excepciones a estas reglas si una de las personas, normalmente no un Tauro, se compromete a hacer que la relación funcione. Sin embargo, estas excepciones son muy raras, y cuando se encuentran, la relación puede no ser tan feliz o saludable como uno quisiera. Si alguna vez se encuentra involucrado con alguien de un signo zodiacal opuesto, tendrá que darse un tiempo para pensar en lo que podría estar metiéndose y si esta relación está o no condenada desde el principio.

Géminis

La estabilidad lo es todo para alguien nacido bajo el signo zodiacal de Tauro. Son seres muy tradicionales que tienen los pies en la tierra y les encanta tener todo listo para que encaje con su estilo de vida tranquilo. Los Géminis son todo lo contrario; son individuos extrovertidos que son cálidos y fríos y que buscan nuevas aventuras. Juntar a estos dos puede ser un desastre. Al principio, pueden pensar que se equilibran el uno al otro, pero al final, los choques están destinados a suceder, y puede romper la relación por completo. Los géminis de espíritu libre y los taurinos tradicionales es raro que tengan muchas cosas en común, si es que tienen alguna, y eso no es una buena base para empezar una relación sana.

Leo

La química entre estos dos signos celestes puede ser grande, pero esa química puede llevar a una explosión nuclear al final. La terquedad es algo que comparten, y el compromiso no es algo que ninguno de ellos esté dispuesto a asumir. A los leones les encanta mandar, pero también a los toros. Cuando se juntan en una pareja, pueden acabar de dos maneras, o bien un completo desastre en el que discutir es lo único que hacen estos dos o bien conquistar el mundo juntos como un dúo feroz y dinámico. El éxito de un león y un toro en una relación romántica es un acontecimiento raro, pero es posible. Pero por lo general estos dos signos no se ponen de acuerdo, ya que siempre están en un juego de poder que rara vez termina bien.

Libra

Tanto los taurinos como los Libra están regidos por el planeta Venus, famoso por su gran pasión y sensualidad. Sin embargo, en estos dos signos, los elementos cardinales solo se adaptan el uno al otro, ya que uno es de tierra y el otro de aire. Esto hace que una relación entre estos dos sea incómoda y a menudo infructuosa. Los signos de tierra siempre buscan la estabilidad y las tradiciones, mientras que los que siguen el elemento cardinal de aire siempre están ávidos de cambios y aventuras. Puede ser frustrante cuando estos dos se juntan, ya que quieren sentirse amados y compartir su amor por la naturaleza, pero a menudo se percibe de manera equivocada, lo que lleva a su inevitable separación.

Escorpio

Los rasgos de un Escorpio y un Tauro pueden considerarse opuestos; estos dos no se llevan bien en casi nada. No solo en las relaciones románticas, sino también en las sociales, van de la mano. Los signos de dos estrellas suelen tener una relación de amor-odio debido a sus diferencias, pero eso con frecuencia es un obstáculo para que se pongan románticos. Cada uno intenta siempre marcar su territorio y demostrar que tiene el control, lo que nunca funciona en una pareja sana.

Amar a una mujer Tauro

Enamorarse de una mujer Tauro puede ser la mejor sensación del mundo. Estas mujeres son afectuosas y cariñosas y colmarán a su pareja de amor incondicional. No es el amor asfixiante del que la gente suele huir, pero es el que los seres humanos necesitan para sentirse especiales y deseados. Si tiene la suerte de amar a una mujer Tauro, siempre debe hacerla sentir como la reina que es. Nunca intente cambiarla o decirle que no es suficiente; no le gusta sentir que debe competir por su amor. Además, las muestras de afecto en público no siempre le parecerán bien. Sin embargo, recuerde que los cumplidos son siempre agradables de escuchar en cualquier lugar, especialmente si su amado la elogia delante de su familia y amigos cercanos, a quienes ella lleva en su corazón.

Amar a un hombre de Tauro

El camino al corazón de un hombre Tauro es a través del apoyo emocional y el aprecio. Estos hombres pueden parecer un poco distantes cuando los conoces por primera vez, pero cuando se enamoran de usted, todas sus paredes se romperán. Esperan que sus parejas les acojan y les hagan sentir comprendidos y queridos contra viento y marea. Los pequeños gestos llegarán muy lejos en su relación con un chico de Tauro. Cosas como preguntarles por su día o hacerles pequeños cumplidos de vez en cuando pueden marcar toda la diferencia del mundo. Estos hombres prosperan con la rutina y la estabilidad, por lo que sorprenderlos no es una buena idea. En su lugar, intente planificar cosas juntos y ver lo que les gusta hacer en su tiempo libre para que pueda trabajar en su relación con más frecuencia y unirse de una manera saludable.

Atraer a un Tauro

Los taurinos son partidarios del compromiso a largo plazo. Si está buscando establecerse y tal vez incluso casarse en algún momento, entonces él o ella puede ser su pareja perfecta. Para atraerlos, es preciso demostrarles que está buscando las mismas cosas que ellos. Ser una persona con los pies en la tierra, que se lleva bien con su familia y que le gusta expresar sus sentimientos a los demás de forma adecuada y sana puede hacer que usted encabece la lista de un taurino. Les encantan las personas orientadas a la familia y apasionadas por las cosas importantes de la vida. A estos seres celestiales también les encanta relacionarse con alguien que se preocupe por su carrera y tenga una gran ambición que le permita triunfar en la vida.

Señales de que un Tauro está interesado

Los Tauro no son demasiado obvios para mostrar lo que sienten. Se toman su tiempo y tratan de ser sutiles al principio solo para ver cómo responde la otra persona. A los Tauro les gusta dar pistas sutiles para tantear el terreno, y una vez que sienten que la persona del otro lado también está interesada, irán a por todas. Algunas señales que darán son cosas como comprobar cómo está la persona que les interesa más a menudo. Enviarán textos y mensajes y mostrarán mucho interés en sus vidas y en cómo van sus días para hacer saber a la persona que se preocupan por ella.

Un Tauro suele demostrar que le gusta alguien pidiéndole consejo de vez en cuando. Los taurinos son muy testarudos y suelen hacer lo que quieren y les gusta. Por eso, si piden consejo de verdad a alguien que les interesa, es una clara señal de que se están enamorando perdidamente.

Ideas para una cita perfecta

Salir con un Tauro puede ser un momento mágico. Lo suyo es demostrar amor y afecto a su otra mitad, y para planificar una cita, esperan que haya mucho romance de por medio. También son personas activas a las que les gusta salir a la naturaleza y pasar tiempo de calidad con sus parejas. Por eso, planear una cita con su amante Tauro es sencillo si los conoce. Aquí hay algunas ideas de citas que garantizan el entusiasmo de un taurino.

Senderismo

Salir a los senderos naturales aislados con su persona favorita puede ser la cita perfecta para un Tauro. Puede estar repleta de deliciosos aperitivos y algunas velas o rosas para hacerla aún más romántica. Esencialmente, este tipo de cita se ajusta a todos los requisitos. Hace que Tauro salga y se active y utilice todos sus sentidos y le permite sentirse libre mientras recibe una lluvia de amor de su pareja.

Noche de cine

El romance es el segundo nombre de los Tauro. También son grandes fans de las tradiciones y les encanta estar en casa, donde pueden ser ellos mismos. Reunir todos esos elementos en una mágica noche de cine con una buena cena puede ser lo mejor que puede hacer por su Tauro favorito. Es romántico y acogedor y se trata de colmar al otro de amor y atención lejos del resto del mundo.

Masaje en pareja

No hay nada más relajante y agradable que recibir un masaje en sus músculos adoloridos en un spa, especialmente con su ser querido. Esta idea de cita permite a un Tauro y a su pareja ponerse en contacto con todos sus sentidos y relajarse juntos en un entorno tranquilo que encaja con el tema de su relación. Es la escapada perfecta para soltarse juntos y salir sintiéndose renovados y más conectados con su pareja.

Enamorarse de un Tauro puede ser una experiencia emocionante. También es probable que dure mucho tiempo, toda la vida si las estrellas se alinean para usted. Cuando salga con un Tauro, es vital que le deje ser él mismo sin juzgarle ni pedirle que cambie. Harán cualquier cosa por sus seres queridos, pero no si se sienten inseguros. Recuerde siempre expresar su amor por su pareja Tauro a través de cumplidos y mostrando atención para ellos a través de todas las dificultades, porque eso les dará toda la seguridad que necesitan de que son amados y queridos.

Capítulo 6: Tauro en el trabajo

Después de cubrir la vida personal de Tauro en los capítulos anteriores, vamos a echar un vistazo al lado profesional de este signo del zodiaco. En este capítulo, hablaremos de las características profesionales y laborales de Tauro.

En general, un Tauro es un empleado o jefe muy trabajador, fiable y decidido en el ámbito laboral. Sin embargo, ciertos puntos débiles podrían arruinar masivamente sus posibilidades de obtener el éxito. Veamos en detalle cómo son los Tauro en el ámbito laboral y qué puede impedirles alcanzar el éxito.

Las mejores opciones profesionales para los Tauro

Un Tauro es ambicioso, fiable y trabajador, lo que le convierte en un gran trabajador y líder en el ámbito profesional. En base a sus rasgos, un Tauro debería centrarse en estas trayectorias profesionales.

1. Chef o gerente de restaurante

Los Tauro aman y aprecian la comida. Les gusta probar nuevas recetas y suelen sentir curiosidad por las diferentes cocinas. Entre otros signos del zodiaco, los Tauro son aficionados a la comida. Por ello, pueden ser grandes chefs, ya que les encanta cocinar y alimentar a los demás. Además de preparar platos deliciosos, también se asegurarán de optimizar la presentación de cada plato. Si no quieren cocinar, pero sí gestionar proyectos relacionados con la comida (debido a sus conocimientos y a su afición por la comida), también pueden ser talentosos gerentes de restaurantes. Los taurinos tienen una impecable capacidad de organización y planificación. Pueden dirigir e instruir fácilmente a los trabajadores de los restaurantes, camareros, limpiadores y demás personal.

Candace Nelson y Brad Leone son dos famosos chefs Tauro.

2. Diseñador de interiores

Dado que los Tauro tienen aprecio por el arte y la cultura, son increíbles diseñadores. El diseño de interiores es una excelente opción para este signo del zodiaco debido a sus impresionantes habilidades organizativas y su capacidad para transformar un espacio. También tienen un don para hablar con los propietarios y convencerles de que sigan un plan de transformación del hogar. Aunque los individuos de Cáncer y Libra como signos del zodiaco también tienen el mismo talento para este trabajo, los Tauro pueden forjar su camino en esta disciplina debido a su deseo de perfección. Además de diseñadores de interiores, los Tauro también pueden trabajar como diseñadores de moda y gráficos. Dado que les gusta conocer y aprender sobre estética, esta opción profesional es excelente para un Tauro.

Donatella Versace y Tan France son dos famosas diseñadoras de moda de Tauro que son muy conocidas por sus conocimientos de estética y habilidades de estilismo.

3. Banquero o asesor financiero

También conocidos como encargados del dinero, una persona de este signo del zodiaco puede considerar el manejo y la organización del dinero como una opción profesional plausible. Debido a su actitud meticulosa y pragmática, los taurinos también pueden convertirse en competentes banqueros o asesores financieros. Como son sabios y resistentes, se les considera un activo dentro de esta disciplina. Además de banqueros y asesores financieros, también pueden dedicarse a la administración financiera y a la contabilidad como opción profesional en este campo. Otra razón por la que esta opción es estupenda para los Tauro es que son hábiles en el cálculo y tremendamente fiables en cuanto a precisión.

4. Botánico o agricultor

Este signo ama la naturaleza y quiere estar rodeado de flora y fauna. Si es Tauro y le gusta pasar la mayor parte de su tiempo al aire libre y rodeado de naturaleza, esta opción profesional es la más adecuada. Además de su pasión por la naturaleza, sus habilidades meticulosas y su habilidad para los detalles les convertirán en botánicos e investigadores de talento en este campo. Esta disciplina requiere que la persona siga un patrón y adopte un enfoque metódico, lo cual es una opción profesional perfecta para un Tauro. Otras subdisciplinas adecuadas son la agricultura, el paisajismo y la jardinería.

5. Político o dirigente

Los Tauro son conocidos por su terquedad y no ceden hasta convencer a la otra persona. A veces, esto puede llevar a discusiones. Pero si un Tauro utiliza este rasgo en su beneficio, puede convertirse en un político de éxito. Además, su organización y atención a los detalles les ayudarán a tomar mejores decisiones. Son independientes, decididos y rápidos de mente. Como Tauro, si persigue un objetivo, llegará hasta donde sea para conseguirlo. Este es un rasgo muy necesario en la mayoría de los políticos. Si convertirse en político no es lo suyo, también son dirigentes competentes, como el director general de una empresa o un empresario.

Algunos dirigentes famosos de Tauro son el Papa Juan Pablo II y la Reina Isabel II.

6. Cantante, compositor o músico

Los taurinos son artísticos y tienen un gran sentido del estilo, la música, la comida y otros intereses culturales. Aunque son pragmáticos por naturaleza, su sentido artístico es ejemplar, lo que también es sorprendente. En cuanto a la música, están muy dotados. Si desea que le sugieran nuevas canciones, siempre puede recurrir a un Tauro. Esta cualidad también puede convertirse en una exitosa carrera como músico o cantante. Y pueden trabajar durante horas interminables con el mismo escrutinio y atención al detalle que se requiere en una carrera musical. Los encontrará trabajando hasta alcanzar la perfección.

James Brown, Billy Joel y Sam Smith son algunos músicos y cantantes famosos de Tauro.

7. Gerente o ejecutivo

Como se ha mencionado, los Tauro están bendecidos con habilidades de gestión y pueden ser extremadamente ingeniosos. Esto hace que roles como la gestión y la dirección ejecutiva sean adecuados para este signo del zodiaco. Además, como no son tímidos, les gusta dar el paso y dirigir a otros dentro de esta disciplina. Un gerente o un ejecutivo deben estar al tanto de su trabajo y dirigir a su equipo, lo cual es otra razón por la que es una opción de trabajo perfecta. Además, teniendo en cuenta que estos dos puestos ofrecen una mayor posibilidad de obtener una bonificación o un ascenso, los Tauro suelen preferirlo.

8. Maquillador o bloguero de belleza

Un Tauro tiene un gusto estético impecable y un don para la belleza. No solo se centran en su aspecto, sino que también tienen una percepción distintiva de la belleza a su alrededor. Cuando se combina con su ojo para los detalles, pueden ser talentosos artistas del maquillaje o bloggers de belleza. El planeta regente de este signo del zodiaco es Venus, lo que explica su tenacidad para convertirse en bloguero de belleza. Todo lo relacionado con la belleza es una gran opción profesional para un Tauro, pero debe saber que tener éxito en esta disciplina le llevará algún tiempo. Aunque al principio será difícil, disfrutará de cada parte de este viaje, lo que le facilitará el éxito. Esto también se debe en parte a su naturaleza tenaz.

9. Veterinario o cuidador de mascotas

Su amor por los animales puede convertirse en una opción profesional. Dos de estas opciones son ser veterinario o cuidador de mascotas. Mientras que la primera requiere que usted tenga la paciencia suficiente para estudiar y graduarse, la segunda no requiere educación formal. Ambas opciones le permiten estar cerca de los animales domésticos la mayor parte del tiempo, algo que a un Tauro le encantará. Además, un Tauro es fiable, lo que le convierte en un gran cuidador de mascotas. Como individuo de este signo del zodiaco, también puede considerar otros trabajos similares, como peluquería de mascotas, alojamiento de perros o transporte de mascotas. Dado que también está bendecido con habilidades de gestión y organización, puede concertar las citas pertinentes y crear su propia empresa de mascotas. Considere también otras opciones como las clases de adiestramiento de perros y las tiendas de equipos de peluquería.

Las peores opciones de carrera para los Tauro

1. Doctor, enfermero o médico

Cualquier subcategoría dentro de la disciplina médica requiere tiempo y paciencia y no es el punto fuerte de Tauro. Los individuos de este signo del zodiaco trabajan duro para lograr sus objetivos; sin embargo, no son muy conocidos por practicar la paciencia. En primer lugar, se necesitan años para graduarse como médico o profesional de la medicina, lo cual es difícil para este signo del zodiaco. En segundo lugar, quieren alcanzar sus objetivos en un plazo menor, lo que puede llevarles a cometer errores precipitados. Cualquier tipo de error es inevitable en el campo de la medicina.

2. Recursos humanos

Un puesto de trabajo como RRHH suena aburrido y mundano, algo que un Tauro odiará. Dado que las personas de este signo del zodiaco suelen buscar tareas nuevas y desafiantes, este trabajo puede ser demasiado modesto para ellos. La responsabilidad de un RRHH es reducir la brecha entre la empresa y los empleados, lo que requiere tiempo y paciencia. Mientras que los Tauro pueden manejar fácilmente las habilidades organizativas e incluso sobresalir en ello, puede que solo no tengan paciencia para tratar con las quejas de los empleados. No nos olvidemos de la terquedad de un Tauro que potencialmente podría interponerse en su puesto de trabajo y causar problemas en la empresa.

3. Maestro o profesor

Una vez más, este papel es difícil de representar para los Tauro, ya que necesita que sean más tolerantes y acepten a los demás. Como los niños no escuchan fácilmente a los mayores, puede ser difícil para ellos manejar estos escenarios. Además, si un niño y un Tauro se encuentran cara a cara, sus naturalezas obstinadas pueden provocar un debate interminable. Nadie está dispuesto a ceder, lo que puede causar problemas al Tauro como profesor.

Estas mejores y peores opciones profesionales para este signo del zodiaco deben tenerse en cuenta a la hora de elegir un campo. Considere sus habilidades y puntos fuertes a nivel personal y haga una sabia elección.

¿Dónde encaja Tauro en un entorno de oficina?

En un entorno de oficina, los empleados están cerca del refrigerador y cotillean sobre otros empleados, planifican eventos sociales y gestionan reuniones informales, o se ponen los auriculares y están absortos en su trabajo. ¿Dónde se encuentra un Tauro en estos escenarios laborales?

A los Tauro les encanta su cuota de chismes y querrán comentarlos con sus amigos cercanos. Si uno de sus compañeros de trabajo es también su mejor amigo, es probable que los veas en la cafetería de la oficina o cerca del refrigerador de agua, donde de vez en cuando se reúnen para pasar las noticias frescas. Además, como son sociables, siempre les apetecen las fiestas y las reuniones informales. Si necesitan un organizador de fiestas en su oficina, contraten a un Tauro. Su impecable capacidad de organización y gestión les convierte en competentes organizadores de eventos. Es difícil encontrar a un Tauro absorto solo en el trabajo.

Como pueden ser perezosos, dependientes y a menudo demasiado distraídos, es menos probable que estén sentados en sus escritorios, completando su trabajo. O bien revolotean por el lugar de trabajo, buscando a otros para terminar la tarea o se distraen con su teléfono u otros asuntos sin importancia.

A un jefe Tauro rara vez se le ve en la oficina, lo que da a otros empleados Tauro la libertad de deambular y completar las tareas a su propio ritmo. Además, como el jefe no suele estar al tanto de las tareas y los logros del día a día, es más fácil para Tauro atribuirse el mérito.

Obstáculos en el trabajo

Un Tauro en la oficina o en un entorno laboral puede ser sorprendente. Si bien tienen muchos puntos fuertes, sus debilidades a menudo pueden sobrepasar su personalidad. Esto afecta no solo a su trabajo y productividad, sino también a su salud mental. Para resolver estas debilidades, primero hay que aprender a detectarlas.

Si es usted Tauro o trabaja con uno de ellos, es posible que note uno o varios de estos obstáculos o debilidades en su trabajo y rendimiento.

Tauro como compañero de trabajo o empleado

1. Puede que estén "centrados en las bonificaciones"

Debido a su naturaleza materialista y a su necesidad de llevar una vida lujosa, la mayoría de los individuos de este signo del zodiaco buscan constantemente una bonificación o un ascenso. Para ello, suelen trabajar en exceso y tratan de alcanzar sus objetivos rápidamente. Aunque es beneficioso para la empresa, podría afectar a la calidad del trabajo. Si no consiguen su bonificación, podrían sentirse extraordinariamente decepcionados o desanimados, lo que mermaría su productividad y sus ganas de trabajar.

2. Pueden ser demasiado perezosos

La naturaleza perezosa de un taurino puede suponer una amenaza en su camino hacia el éxito. Aunque la mayoría de los empleados de Tauro son ambiciosos, a menudo se vuelven perezosos durante los proyectos grupales o cuando se trata de una responsabilidad colectiva. Es posible que confíen en sus compañeros de trabajo para realizar el trabajo, lo que puede retrasar el plazo. Aunque estén de acuerdo en contribuir, su naturaleza perezosa puede perturbar su patrón de trabajo, lo que provocará resultados insatisfactorios. Si un Tauro se esfuerza al 100% en su trabajo (cosa que muchos logran), probablemente será el mejor empleado en un entorno laboral. Sin embargo, su pereza suele impedirles serlo.

3. Pueden meterse fácilmente en peleas

Debido a su naturaleza obstinada, un Tauro puede fácilmente iniciar una pelea con su compañero de trabajo. Los debates y las discusiones son frecuentes con un Tauro como compañero de equipo. No solo discuten con su compañero de trabajo, sino que también pueden tener peleas ocasionales con su jefe. Es difícil ganar una discusión con un Tauro, incluso si tiene razón. Aunque apenas importa en un entorno informal, esta actitud puede afectar en gran medida al rendimiento y los objetivos de una empresa.

4. Pueden ser demasiado sociables

Aunque no perjudica su vida personal, un empleado social puede ser visto charlando y haciendo planes durante las horas de oficina. A menudo se distraen durante el trabajo debido a su necesidad de ser social. Si uno de sus compañeros de trabajo es también uno de sus amigos más cercanos, a menudo se les ve socializando, lo que puede afectar a su calidad de trabajo.

5. Son dependientes y se toman el crédito sin merecerlo

Un Tauro tiene el potencial de desarrollar ideas innovadoras; sin embargo, en ocasiones no se molestan en hacerlo y dejan que sus compañeros de trabajo se encarguen. Además, si sus compañeros de trabajo completan el proyecto a tiempo y logran el objetivo, el empleado Tauro se lleva el crédito.

Tauro como jefe o líder de grupo

1. Pueden querer lograr demasiadas cosas a la vez

Como jefe Tauro, su principal objetivo suele ser completar un proyecto o cerrar un trato lo más rápido posible. Los taurinos son muy ambiciosos y lucharán por alcanzar el éxito. Aunque esto es beneficioso para la empresa, puede afectar a la salud mental de sus empleados. No todo el mundo puede trabajar tan rápido como un Tauro, y debe entender que sus empleados tienen su propio ritmo y que solo pueden hacer un cierto número de cosas en un periodo determinado. Si es un jefe Tauro, intente tomarse las cosas con calma y dar un paso a la vez. Siga un plan para acercarse a su objetivo. Aunque le lleve tiempo, seguro que lo conseguirá.

2. Pueden ser mandones e insensibles

Si su jefe Tauro no consigue lo que quiere, puede volverse demasiado mandón e incluso perder los nervios ocasionalmente. Cuando se trata de trabajar, no tienen en cuenta los sentimientos de sus empleados y socios y no se lo piensan dos veces antes de pronunciar palabras duras. Aunque para ellos es algo casual, ciertas palabras y comentarios podrían herir los sentimientos de sus empleados, lo que incluso podría afectar a su rendimiento. En casos extremos, un jefe Tauro puede incluso hacer comentarios personales, lo cual es inaceptable. Los empleados, bajo cualquier circunstancia, deben acatar sus normas y reglamentos, que están escritos en piedra. No hacerlo podría hacer estallar al jefe Tauro, resultando en un momento difícil para los empleados. Aunque un Tauro rara vez se enfada, su actitud despreocupada a la hora de tratar a otras personas, especialmente cuando se equivocan, puede resultar mezquina y grosera.

3. Se abstienen de aceptar sus errores

Aunque no tengan claras sus expectativas, no están dispuestos a aceptar sus errores inicialmente. La necesidad de tener razón pasa factura a sus empleados. Un jefe Tauro suele informar a sus empleados de una forma que consideran "perfecta" y "detallada". Aunque normalmente es así, a veces pueden ser demasiado vagos debido a la impaciencia. En este caso, los resultados son insatisfactorios y no están a la altura de sus expectativas. Por el contrario, un jefe Tauro puede a veces culpar a sus empleados en lugar de aceptar su error.

4. Son incapaces de asumir riesgos

Si bien esto puede conducir a resultados favorables a veces, un líder debe poseer el coraje de asumir riesgos para llevar a su empresa al éxito. El jefe de Tauro prefiere ir a lo seguro, lo que resulta en la pérdida de oportunidades y acuerdos potencialmente exitosos. Los individuos de este signo del zodiaco no pueden afrontar el miedo a la incertidumbre. Asumir riesgos implica ser consciente y actuar, lo que no es un punto fuerte para Tauro. Si bien es raro que un líder o un jefe asuma riesgos, debe poseer esta habilidad para alcanzar el éxito.

Una vez que determine los defectos de un Tauro en el ámbito laboral, podrá ayudarle a resolver estos problemas para que pueda llevar una vida laboral satisfactoria.

Consejos para una vida laboral satisfactoria

Dado que un Tauro puede ser demasiado perezoso y obstinado, es probable que se enfrente al fracaso con respecto a algunos aspectos de su carrera si no cambia las cosas. Como Tauro, trabaja en sus debilidades y pule sus puntos fuertes para desarrollarse personalmente y acercarse a sus objetivos. Puesto que ya conoce sus puntos débiles, es hora de navegar por ellos para conseguir una vida profesional fructífera.

Estos son algunos consejos laborales para las personas de este signo del zodiaco:

1. Tome las riendas del proyecto

Mientras que un Tauro puede ser demasiado perezoso para contribuir a un proyecto como compañero de trabajo, es todo lo contrario como líder de un equipo, como se ha mencionado en los capítulos anteriores. Si desea mejorar su naturaleza perezosa y contribuir más a la fuerza de trabajo, hágase cargo de un proyecto. Sea un líder y ponga en práctica su capacidad de organización. Un líder de equipo Tauro es una excelente adición a la empresa y se convertirá en alguien de confianza que empujará a sus compañeros a dar lo mejor de sí mismos. De este modo, un Tauro aprenderá a hacer su parte y a conducir a la empresa hacia el éxito. Al mismo tiempo, deberá poner en marcha nuevas ideas y proyectos con un plan detallado que probablemente obtenga reconocimiento.

Los Tauro son líderes prometedores, por lo que deberían trabajar como tales. Si su jefe no reconoce su talento y se muestra escéptico a la hora de nombrarle líder, primero debe demostrar su valía. Elimine su velo de pereza y trabaje para demostrar su valía. Proponga ideas innovadoras y un plan detallado para aumentar sus posibilidades de ser nombrado líder del grupo.

2. Asuma más riesgos

Aunque es más fácil decirlo que hacerlo, asumir riesgos es imprescindible en un entorno laboral, especialmente si es el jefe o director general de la empresa. Como a los Tauro les falta valor para asumir riesgos, les resulta difícil dar el salto. Para dejar de lado este miedo y adquirir valor, pruebe aceptar sus miedos. Ser vulnerable y conocer este sentimiento puede ayudarle a construir el valor para asumir riesgos. Si conoce los peligros y el miedo que conlleva un determinado riesgo, estará más preparado para superarlo. ¿Qué es lo peor que puede pasar? ¿Qué podría salir mal? ¿En qué medida perjudicará a la empresa o a los empleados? Preguntas como estas también le ayudarán a superar el miedo a asumir riesgos.

Asumir riesgos ayudará a su empresa y le hará más seguro y resistente como persona. También es necesario desarrollar su personalidad. Le sorprenderá conocer su potencial. Por último, desarrolle más habilidades y destrezas para adquirir la confianza necesaria para superar las situaciones de riesgo. Debe tener paciencia, ya que ser una persona arriesgada no es fácil.

3. Aprenda a comprometerse

Existe una delgada línea entre ser sensato y ser obstinado. Mientras que lo primero suele relacionarse con ser sabio y tomar las decisiones correctas, lo segundo suele llevar a una caída, ya que se relaciona con la necesidad de tener la razón (incluso si la persona está equivocada). Como ya sabe, Tauro es probablemente el más testarudo de todos los signos del zodiaco. Un Tauro debe aprender a comprometerse y dejar pasar las cosas. No hacerlo puede afectar su vida personal y profesional. Incluso pueden perder el contacto con conocidos valiosos y prospectos de trabajo. Si no puede poner el pie en el acelerador, es necesario dar un giro a esta situación.

Para ello, aprenda a escuchar a los demás. No hable ni interrumpa a los demás antes de que hayan terminado. Incluso si no está de acuerdo con alguien, déjele hablar antes de exponer su punto de vista. Antes de imponer su dominio y marcar todas las perspectivas como "no", tómese un minuto para evaluar la situación y hable solo cuando esté totalmente de acuerdo. A veces, las reacciones espontáneas y las decisiones rápidas pueden provocar malentendidos e incluso discusiones. Por eso, escuche con atención antes de hablar. Además, sepa que no siempre tiene la razón. Recuérdelo cuando hable con alguien. Y lo que es más importante, recuerde que no todo el mundo tiene que estar de acuerdo con su opinión. Deje de lado sus expectativas y aprenda a comprometerse.

4. Mejore sus habilidades de comunicación

Aunque los Tauro no tienen problemas para comunicarse con los demás, su naturaleza obstinada puede provocar un tono grosero y mezquino, aunque no sea su intención. Mejorar sus habilidades de comunicación le ayudará en el ámbito profesional a impresionar a su jefe. Es una necesidad para la mayoría de los signos del zodiaco.

Además de hablar, las habilidades de comunicación eficaces también implican escuchar correctamente. Deje que la persona concluya su discurso y concéntrese en las partes críticas. Intente mantener el contacto visual. Esto demuestra que está escuchando a la otra persona y que reconoce su opinión. También le ayudará a centrarse en las partes cruciales de la conversación, lo que en última instancia le ayudará a hacer comentarios aceptables. Cuando le toque responder, sea humilde y ayude a los demás a darse cuenta de que ha estado escuchando todo el tiempo. Tanto si se trata de un empleado con el que está hablando como si conversa con un delegado en una importante comida de negocios, concéntrese en su forma de hablar y de escuchar para conseguir el mejor resultado.

5. Superar la procrastinación minimizando las distracciones

Debido a su pereza y a su necesidad de procrastinar, un Tauro puede ser partícipe de la demora de su éxito. Aunque pueden alcanzar el éxito gracias a su talento y capacidad de organización, su pereza puede ser un obstáculo importante. Para superarlo, debe minimizar las distracciones e incorpora estrategias contra la procrastinación. Dado que la procrastinación está profundamente arraigada en el patrón de comportamiento de cada uno, es un reto darle la vuelta en poco tiempo. Sin embargo, es necesario intentar tener éxito y alcanzar sus objetivos.

El primer paso para superar la procrastinación es darse cuenta del problema. Una vez que lo haga, deje de castigarse y prométase a sí mismo dar un vuelco a la situación. En segundo lugar, reduzca al mínimo las distracciones, como los teléfonos móviles, los aparatos electrónicos y la comida. Al tener pereza de trabajar, a menudo surgen distracciones que alimentan su aburrimiento. Para evitarlo, guarde el móvil y los aparatos electrónicos en un cajón y absténgase de comer. Además de esto, pruebe otras estrategias contra la procrastinación, como hacer una lista de tareas, premiarse por realizar tareas específicas o pedirle a alguien que haga un seguimiento de su progreso.

Estos consejos ayudarán a un Tauro a sobresalir en el trabajo y le impulsarán a alcanzar sus objetivos. Poner en práctica estos consejos también le ayudará a trabajar en su personalidad y a realizar un cambio positivo en su vida personal.

Como ya ha aprendido, los Tauro en el trabajo pueden hacer o deshacer la entidad para la que trabajan. Si bien es cierto que poseen numerosos puntos fuertes, sus debilidades podrían provocar una gran caída en su rendimiento y productividad. La mejor manera de combatir esta situación es reconocer estos defectos y mejorarlos. Si un Tauro lo hace, está destinado a tener éxito.

Capítulo 7: El Tauro social

La mayoría de los Tauro poseen habilidades sociales inigualables y la necesidad de hacer amigos. En este capítulo, veremos cómo se comporta un Tauro típico en una fiesta o en un entorno informal.

Amistades de Tauro

En esta sección, hablaremos de cómo Tauro hace amigos y funciona en general. Cuando se trata de hacer amigos y mantener amistades a largo plazo, Tauro da el 100%. Apenas hace amigos, pero una vez que lo hace, se dedica a ello a largo plazo. Aunque consideran que lo de "amigos para siempre" es un cliché, lo cumplen. Es un reto conquistar a un Tauro y ser su amigo, pero el vínculo es fructífero una vez que lo logra. El Toro no solo es leal, sino que también posee un gran sentido del humor.

Si está sufriendo o se siente deprimido, llame a un amigo taurino para que le dé una dosis de risa porque son ingeniosos y saben cómo hacer reír a la gente. Además, recuerdan las fechas importantes, los eventos, los cumpleaños y los aniversarios de las personas cercanas. Con un Tauro como mejor amigo, puede esperar una gran celebración en su cumpleaños. Nunca le dejarán celebrar modestamente ninguna fecha importante. Aunque no le guste, deberá aguantar su generosidad y celebrar su día como ellos prefieren. Esto demuestra que se toman la amistad en serio y que quieren que sus amigos estén contentos y felices.

Es difícil ser amigo de un Tauro, ya que son demasiado exigentes con las personas que permiten en su círculo íntimo. Por lo tanto, debe trabajar para ganarse su corazón y su confianza. Sin embargo, siempre tendrá que soportar su terquedad, lo cual es difícil. Además, como Tauro suele desconfiar de los demás y de sus intenciones, ser cercano o mejor amigo de ellos es un gran desafío. Para ellos, los extraños siempre parecen tener una agenda que puede afectar a su vida personal y profesional. No se puede culpar a un Tauro por pensar así, ya que a menudo se encuentran con personas que se aprovechan de su lealtad. Esto debilita su confianza en la gente, lo que también explica su carácter selectivo. Además, son honestos y también esperan honestidad de sus amigos.

Relación de amistad de Tauro con los otros 11 signos del zodíaco

En esta sección, examinaremos la compatibilidad de amistad de Tauro con otros signos del zodiaco.

Tauro y Aries

Aries se rige por el símbolo del carnero, lo que les hace ser impulsivos y buscar siempre la aventura. Mientras que Tauro prefiere tomarse las cosas con calma y experimentar un paso a la vez, Aries suele dar el salto, lo que a menudo provoca un desequilibrio entre ambos. Sin embargo, como Aries es directo y franco, prefiere salir con él. Le dice directamente lo que tiene en mente, y eso alimenta su alma impaciente. Por lo general, no hay problemas entre ustedes. Además, no le importa explorar nuevos terrenos y vivir aventuras ocasionales con su amigo de Aries. Pero Aries prefiere salir con Tauro debido a la actitud despreocupada y sensata de este último.

Tauro y Tauro

Sorprendentemente, una amistad entre estos dos signos similares resulta ser relativamente estable. Pueden confiar el uno en el otro y contar siempre con su amigo taurino cuando esté enfermo o tenga problemas. Como Tauro, cuando busque ayuda y consejos prácticos, siempre podrá recurrir a otro taurino. Siempre están atentos y son rápidos para darle el mejor consejo práctico posible. Ya sea una ayuda para el trabajo o una sugerencia para un buen médico, siempre tienen una respuesta. Debido a su naturaleza relajada y a su humor terrenal, disfrutan de la compañía del otro y están deseando pasar tiempo juntos. Aunque no les gusten las aventuras, no les importará vivir nuevas experiencias como una cata de vinos, una visita al parque de atracciones o un retiro en un spa con ellos. Una de las principales desventajas de esta amistad es que ambos amigos pueden entrar en una discusión interminable. Debido a su terquedad, ninguno se echará atrás fácilmente.

Tauro y Géminis

Un Géminis es conocido por ser caprichoso, lo cual es todo lo contrario a los rasgos evidentes de un Tauro. No son tan prácticos como usted y pueden hacerle cuestionar sus acciones. Mientras que ellos buscan constantemente la aventura, un Tauro prefiere seguir una rutina, que es todo lo contrario. Un amigo Géminis prefiere gastar el dinero en las mejores experiencias, mientras que un amigo Tauro prefiere ahorrar cada céntimo ganado. Como puede ver, puede ser difícil para estos signos ser amigos. Aun así, el sentido del humor de Géminis y el enfoque práctico y metódico de Tauro siempre equilibran a los dos, lo que mantiene la amistad. Para que la amistad dure mucho tiempo, un Tauro debe soportar la falta de voluntad y los movimientos constantes de Géminis, mientras que este tiene que ser paciente.

Tauro y Cáncer

Este emparejamiento es uno de los pocos vínculos de amistad que pueden durar años, lo cual es raro con este signo del zodiaco. Cáncer siempre se desahoga o pone sus pensamientos y aspiraciones frente a su amigo Tauro. A Tauro no le importa escuchar a su amigo Cáncer, aunque le llame a medianoche. Ambos signos están ahí para el otro en las buenas y en las malas. Su amistad es leal y duradera. Mientras que Cáncer admira su percepción de la vida, un amigo Tauro aprecia la capacidad directiva del otro, lo que aporta un equilibrio perfecto a la amistad. Si Tauro se las arregla para soportar el mal humor de Cáncer y a Cáncer rara vez le molesta la terquedad de Tauro, la amistad está destinada a durar mucho tiempo.

Tauro y Leo

A pesar de sus diferentes personalidades, ciertos puntos en común entre un Leo y un Tauro unen a estos signos. Su aprecio por el lujo, los materiales y las cosas más finas de la vida es incomparable, lo que a menudo los une. Además, ambos signos son muy creativos, lo que hace que surjan interesantes temas de discusión, la mayoría de ellos relacionados con el arte, los museos, la fotografía y otras implicaciones culturales. Ambos signos también coinciden en cuanto a su impecable capacidad de organización y gestión, algo que les resulta atractivo del otro. Para que la amistad dure mucho tiempo, un Tauro debe soportar el ego de Leo, y un Leo debe ignorar los pasos calculados de un Tauro.

Tauro y Virgo

Ambos signos aman la naturaleza y estar al aire libre, lo que los acerca. Los amigos de este signo del zodiaco se ven a menudo en una aventura, un picnic o paseos nocturnos al azar. Como Tauro, en caso de que necesite ayuda a nivel práctico y habilidades para resolver problemas, siempre puede recurrir a un Virgo. Pero si un Virgo necesita asesoramiento y gestión financiera, puede pedir ayuda a su amigo Tauro. Un Tauro puede encontrar molesto a un amigo Virgo porque actúan como maniáticos del orden. Pero tienden a ignorar estos detalles porque un amigo de Virgo también ignora la terquedad de un Tauro.

Tauro y Libra

Como ambos signos comparten el planeta regente Venus, tienen un deseo desmedido por la belleza y el arte. Dentro de esta disciplina, sus gustos pueden variar notablemente. Por ejemplo, un Libra puede preferir a los artistas exquisitos o contemporáneos, mientras que un Tauro se ceñirá a las formas de arte y expresión antiguas o clásicas. Mientras que un Libra es más sociable y suele estar con un grupo de amigos amplio, usted prefiere quedarse con uno o dos de sus amigos más cercanos. Aunque Tauro posee la capacidad de ser sociable, prefiere ceñirse a sus amigos más íntimos. Una diferencia significativa entre estos dos signos es que un Tauro es organizado, mientras que un Libra está por todas partes, a menudo sin un plan organizado. Además, un amigo Libra tiene la tendencia a cambiar de opinión rápidamente, lo que deja al amigo Tauro confundido. Dado que un Tauro prefiere seguir un plan, este rasgo puede resultarle molesto. Para que la amistad dure mucho tiempo, Tauro debe aguantar la espontaneidad de Libra, y Libra debe dejar de lado la atención al detalle de Tauro.

Tauro y Escorpio

Aunque Tauro y Escorpio son completamente diferentes, su amistad suele ser duradera. Aunque comparten algunos intereses similares en la danza, el arte, el vino y la cultura, un Tauro desprecia las evasivas de un Escorpio. Sin embargo, esta amistad se basa en el respeto mutuo y la admiración por el signo astrológico opuesto, por lo que sobrevive durante más tiempo. Aprenden continuamente el uno del otro. Por ejemplo, Tauro aprecia el punto de vista y la pasión por la vida de Escorpio, mientras que Escorpio quiere aprender de Tauro la gestión del dinero. Para que la amistad dure mucho tiempo, Tauro debe soportar la manipulación de Escorpio, y Escorpio debe ignorar la terquedad de Tauro.

Tauro y Sagitario

Mientras que Tauro es calculador y tranquilo la mayor parte del tiempo, Sagitario es extremadamente entusiasta, lo que contradice su naturaleza. La monotonía de Tauro y su capacidad para repetir cosas, atuendos y actividades resultan desconcertantes para un Sagitario. Lo que es más desconcertante es su respuesta nueva y entusiasta a las mismas actividades de siempre. Incluso si usted come el mismo almuerzo todos los días, su reacción entusiasta es desconcertante para su amigo Sagitario. Como Tauro, si necesita incorporar algún cambio en su vida, siempre puede recurrir a un Sagitario. Pero si un Sagitario busca una conversación amena o necesita un poco de ánimo, puede pedir ayuda a su amigo Tauro.

Tauro y Capricornio

Estos dos son signos de Tierra, por lo que comparten rasgos, personalidades y aspiraciones similares. Aunque ambos son muy exigentes, se vinculan rápidamente. Esto se debe a que comprenden la mentalidad del otro y le ayudan a alcanzar sus objetivos. Mientras que un Capricornio anhela el respeto y el prestigio, un Tauro adora y anhela la belleza. Ambos necesitan una vida cómoda y estable. Un Toro puede ayudar a la Cabra a encontrar un trabajo, uno que merezca, y ponerla en el punto de mira. Una gran diferencia entre estos dos signos es su estilo y patrón de trabajo. Mientras que Capricornio trabaja duro sin descanso, la pereza de Tauro puede resultarle desagradable. Aparte de esto, no hay ninguna razón seria para que la amistad se debilite en ningún momento.

Tauro y Acuario

Esta amistad será un reto para ambos signos. Sin embargo, saben cómo sortear las dificultades. Su interés y necesidad de posesiones materiales puede ser a menudo una gran diferencia entre estos signos, a veces incluso una amenaza. Mientras que a Acuario le preocupa menos acumular bienes materiales, a Tauro le resulta placentero. Además, Tauro prefiere estar cerca de sus amigos, mientras que a Acuario le gusta estar solo la mayor parte del tiempo. Sin embargo, como ambos signos se aprecian mutuamente por sus puntos fuertes, esta amistad puede ser duradera.

Tauro y Piscis

La amistad entre estos dos signos es probablemente uno de los vínculos más fáciles y alegres entre cualquier otra combinación. Los Piscis poseen un gran sentido del humor y habilidades creativas, que un Tauro adora. Pero Piscis admira el enfoque práctico y el sentido común de Tauro. Ambos tienen algo que ofrecer en su amistad. Por ejemplo, Piscis aprende de Tauro la gestión de las finanzas y las habilidades organizativas, y su amigo Tauro adquiere habilidades creativas de Piscis. Para que la amistad dure mucho tiempo, Tauro debe soportar la impuntualidad de Piscis, y Piscis debe ignorar la inflexibilidad y terquedad de Tauro. Para superar estas pequeñas molestias, encuentren un pasatiempo que disfruten juntos.

Signos que no se llevan bien con Tauro

Las complejas interrelaciones entre los signos importan más de lo que mucha gente cree. Aunque no debería ser un motivo de ruptura, debería ayudarle a entender mejor porqué algunas de sus relaciones con amigos o familiares son como son.

Tauro y Aries

Aries es uno de los signos más activos y competitivos, lo que le lleva a chocar a menudo con Tauro. La definición de diversión para ambos signos es diferente, por lo que suelen tener intereses drásticamente contrastados. Si pueden cooperar un poco más, pueden empujarse mutuamente para lograr grandes objetivos. Un Tauro puede ayudar a Aries a pasar por algo que raramente tiene la disciplina de pasar, mientras que el Aries puede abrir diversos caminos que el Tauro era demasiado conservador para abordar.

Tauro y Géminis

Géminis no tiene una gran capacidad de atención, lo que suele provocar que se enfrenten a un millón de cosas diferentes. Esta abrumadora divergencia puede hacer que se extiendan demasiado, que es lo contrario de lo que haría un Tauro. Tauro aprecia la familiaridad y sus zonas de confort, lo que le permite centrarse en una sola tarea o actividad hasta perfeccionarla. Ambos pueden ayudarse mutuamente, ya que uno aporta al otro perspectivas diferentes y útiles.

Tauro y Sagitario

El choque entre Tauro y Sagitario tiene que ver básicamente con lo desconocido. A Sagitario le encanta enfrentarse a lo desconocido y a los territorios desconocidos. Tauro evita lo desconocido y prefiere estar rodeado de la mayor seguridad posible. Este problema puede hacerse evidente en las relaciones románticas, ya que sus intereses pueden crear una gran brecha. Dependiendo del entendimiento de ambas partes, es posible encontrar soluciones satisfactorias.

Signos que se llevan bien con Tauro

Saber qué signos buscar puede ayudarle a evitar muchos problemas. No hay nada malo en buscar signos compatibles que puedan hacer su vida más fácil. Encontrar signos complementarios puede hacerle avanzar en su vida profesional y social.

Virgo y Tauro

Tanto Virgo como Tauro son signos de tierra, lo que significa que tienen una alta probabilidad de disfrutar de la compañía del otro. Ambos signos son conocidos por su fiabilidad y practicidad, lo que los convierte en un gran dúo. Un Tauro puede proporcionar suficiente estabilidad a un Virgo para crear una base que frecuentemente permite al Virgo avanzar y alcanzar su objetivo. Tener a un Virgo como amigo o pareja es siempre una buena idea, ya que están centrados y proporcionan energía complementaria.

Libra y Tauro

Los signos de tierra y aire no suelen ser los más compatibles, pero esta regla puede no aplicarse directamente a un dúo compuesto por Libra y Tauro. Se cree que la conexión de Venus entre ambos signos los hace relativamente estables. La perspectiva emocional y subjetiva de Tauro encuentra su polo opuesto en la visión objetiva de Libra. Pueden coincidir el uno con el otro y crear un puente que les permita centrarse en lo que es importante. Estos dos signos son una excelente pareja para las relaciones románticas y platónica.

Piscis y Tauro

La tierra y el agua son una gran combinación con los signos del zodiaco. La relación entre Piscis y Tauro es dinámicamente sincrónica. Piscis complementa la relación con su devoción e idealismo, mientras que Tauro se asegura de que no se salga de la red con su realismo. Esto puede hacer que un dúo de Piscis y Tauro sea bastante poderoso, ya que ambos pueden reducir las debilidades del otro. Una relación amorosa entre ambos puede durar toda la vida, sorteando los problemas sobre la marcha con gran determinación.

Tauro en una fiesta: Su vida social

En esta sección, describiremos una escena de fiesta y veremos cómo Tauro encaja en ella.

Si está en una fiesta de cumpleaños o en una reunión informal de Tauro, seguro que se lo pasa en grande. Como los Tauro tienen buen ojo para los detalles, es probable que organicen una gran fiesta para impresionar a sus invitados. Además, como también son grandes amantes de la comida y saben cocinar, esté preparado para probar platos deliciosos en su fiesta.

En la fiesta de otra persona, un Tauro puede encontrarse conociendo y hablando con gente nueva. Parecen estar cómodos y a menudo se les ve con una bebida (sobre todo un licor con clase) en la mano. Incluso si están en un rincón, parecen captar la atención de todos. No pierden de vista a sus amigos cercanos y se aseguran de que estén bien. Y lo que es más importante, cuidan de sus amigos y se aseguran de que no hagan el ridículo.

¿Por qué un Tauro es un gran amigo??

Aunque un Tauro tiene muchas debilidades, a menudo son mínimas y pueden pasarse por alto. Sus puntos fuertes superan a sus debilidades, lo que les convierte en un amigo leal y fiable.

Aquí hay cinco razones por las que la amistad con un Tauro es valiosa:

1. Siempre se quedará a su lado

Aunque haya cometido graves errores en su relación, un Tauro cree en dar segundas oportunidades. Incluso le ayudará a corregir sus errores y volver a ponerse de pie. Ellos son confiables y siempre permanecerá a su lado. Además, si quiere compartir desesperadamente un secreto, pero no divulgarlo, puede confiar en Tauro, ya que es el guardián de los secretos. Son leales y no difundirán chismes.

2. Tiene una solución para todos sus problemas

Incluso si mete la pata, su amigo Tauro tendrá alguna solución para ayudarle a resolver su problema. Si se encuentra en medio de una crisis, llame a su amigo Tauro y deje que le ayude. Aunque no le pida ayuda, hará lo que sea para que su vida se solucione. Tanto si se trata de una crisis familiar de carácter emocional, como si se trata de un importante plazo de entrega de un proyecto, puede contar con Tauro para sacarle del apuro. Con un Tauro como amigo, su nevera siempre está cargada de cerveza, y su Netflix estará pagado todos los meses.

3. Se ocupa de todos los eventos

Ya sea su cumpleaños o un evento escolar, Tauro pondrá en marcha sus habilidades de organización y organizará el mejor evento que pueda imaginarse. Su impecable sentido de la gestión y su atención al detalle lo convierten en un valioso amigo que puede organizar cualquier evento con poca ayuda. No es de extrañar que sean grandes encargados. Incluso si es el cumpleaños de su perro, siempre aparecerán con una golosina para perros y una vela.

4. Le mostrará el mejor lado de la vida

Debido a su aprecio por la comida, el arte, la cultura y el lujo, le guiará de vez en cuando a las mejores cosas de la vida. Con un amigo Tauro, puede explorar nuevos restaurantes y cocinas, hacer visitas a museos o ir a catar vinos. A este signo del zodiaco le encanta comer y tiene un don para la cocina. Con un Tauro como amigo, probará nuevas comidas y aprenderá sobre el mundo culinario. Incluso si no puede permitirse salir a un restaurante, un Tauro preparará algo delicioso en su cocina.

5. Le dará regalos caros

Aunque esta no debería ser la única razón para hacerse amigo de un Tauro, es un beneficio adicional con el que no todo el mundo está bendecido. Un Tauro tiene un gusto caro y prefiere usar bienes materiales grandes y lujosos. Su ropa, zapatos, bolsos y aparatos suelen ser de alta gama y de marca. No solo quieren cosas caras para ellos, sino que también quieren que sus amigos experimenten el lujo. Ya sea su cumpleaños, su graduación o cualquier otro evento importante, su amigo Tauro siempre le hará regalos caros.

¿Cómo fomentar la amistad con un Tauro?

Como puede ver, la amistad con un Tauro es muy valiosa. Sin embargo, sus debilidades a menudo pueden interponerse en el camino y estropear su vínculo. Para superar esto, lea estos consejos que le ayudarán a fomentar una amistad con Tauro y mantenerla durante mucho tiempo.

Cómo fomentar la amistad entre un Tauro y una Tauro

A pesar de que ambos Tauro viven y comprenden su naturaleza, ciertos aspectos pueden chocar y amenazar su amistad. Si es usted Tauro y quiere sostener su amistad con un compañero Tauro, tenga en cuenta estos consejos:

1. Intente ser más comprensivo

El mayor problema al que pueden enfrentarse dos taurinos en una amistad es un debate interminable debido a su terquedad y naturaleza argumentativa. La única manera de resolver esto es ser más comprensivo. Uno de los dos amigos taurinos, o ambos, deben practicar la comprensión, o esto puede hacer mella en su amistad. El primer paso es escuchar. En lugar de discutir y llenarse la cabeza con un gran "no" mientras están hablando, escuche su punto de vista y póngase en su lugar. A veces, pueden tener razón. La clave es la paciencia y una mente abierta.

2. Dele suficiente tiempo y espacio cuando esté enfadado

Como amigos taurinos, ambos pueden enfadarse y provocarse fácilmente debido a su corto temperamento. Si ambos tienen una discusión acalorada, dense tiempo en lugar de bombardearse con más puntos de vista. Dado que el temperamento de un Tauro se calma rápidamente, es más fácil resolver el asunto cuando le dan suficiente tiempo y espacio para pensar y contemplar la situación. Además, este signo del zodiaco desprecia el drama en su vida, por lo que recurre a la comodidad y la felicidad después de algún tiempo.

3. Realizar más planes dentro de casa

Si un Tauro gana dinero, es probable que lo gaste en una casa acogedora y en lujosas posesiones materiales. Como compañero de Tauro, usted también preferirá quedarse dentro de su elegante casa. Para hacer un plan con su amigo Tauro, considere la posibilidad de cocinar juntos, ver una película en casa, pedir comida o comprar comida para llevar. Planes como estos son más valiosos para dos taurinos que explorar el exterior. Además, le dará tiempo suficiente para conocer el entorno del otro.

Cómo fomentar la amistad entre un Tauro y otro signo del zodiaco

Como ha aprendido a través de la tabla de compatibilidad de amistad de un Tauro con otros signos del zodiaco, un Tauro es un amigo leal y confiable. Sin embargo, ciertos aspectos negativos representados por otros signos del zodiaco podrían afectar su amistad con un Tauro. Aquí hay tres maneras de mantener y fomentar una amistad con Tauro:

1. Se trata de la persistencia

Dado que un Tauro es terco y quiere que las cosas vayan a su manera, la única solución para superar situaciones similares es la persistencia. Es difícil desviarse de su plan y calendario. Si desea que un Tauro siga su camino sin ofenderlo, sea persistente y cortés al mismo tiempo. Mencione su deseo de vez en cuando. Aunque es testarudo, le escuchará porque este signo del zodiaco valora la amistad. En un momento dado, se dará cuenta de la importancia de ponerse firme y seguir los deseos de su amigo. Aunque digan que no a la primera oferta, siga insistiendo. Al final bajarán la guardia y le dejarán salirse con la suya.

2. Preste atención a las fechas importantes

Tauro valora los eventos y fechas importantes en su vida. Si se olvida de su cumpleaños, de su graduación, de su aniversario o de otros acontecimientos significativos, puede ser difícil para él perdonarle. Cada detalle de la vida de un Tauro es importante para él. Por lo tanto, como su amigo, deberá ser importante para usted. Para recordar las fechas importantes, márquelas en el calendario o establezca recordatorios en su teléfono. Celebre con él en lugar de limitarse a felicitarle o saludarle por la ocasión. Esto es suficiente para hacerlo feliz y retener su lealtad.

3. Sea honesto

Tauro es un amigo honesto y espera que usted sea sincero. Si le descubren mintiendo o engañando, nunca le perdonarán. Incluso pueden romper su amistad. Perder a alguien de Tauro en su vida significa perder a un amigo honesto, leal y confiable, que es una especie rara. Aunque la verdad suene amarga, nunca le mienta a un Tauro, ya que puede descifrar fácilmente la diferencia. Debido a su naturaleza desconfiada, también puede cuestionar sus intenciones. También detesta que alguien le haga un cumplido falso. Los halagos deshonestos están fuera de lugar. Sea sincero, aunque pueda ofenderlo, porque es mejor que mentir y perderlo para siempre.

Un Tauro es un amigo leal y confiable que le mostrará el lado más brillante de la vida. Una vez que aprenda a soportar su terquedad y pereza, tiene mucho que ofrecer. Su resistencia y su capacidad de gestión son una lección que hay que aprender.

Valorarse como Tauro

Es habitual que los Tauro se subestimen a sí mismos. Esto es de esperar en un signo que siempre aspira a lo mejor y nunca se replantea hasta conseguir lo que quiere. Un Tauro tiene que ver lo lejos que ha llegado y apreciar el progreso que ha puesto. Son bastante envidiados gracias al esfuerzo y la dedicación que ponen en sus vidas. La disciplina y la responsabilidad necesarias para avanzar adecuadamente en la vida es algo que a Tauro le sobra. No puede esperar que la gente respete sus logros si usted mismo no los respeta.

Es hora de ver el éxito como una curva compuesta por una serie de escalones de aprendizaje que se van subiendo poco a poco. No espere que tenga que idear todo desde cero para tener éxito. Ya ha logrado mucho, y nunca es una buena idea pensar en las duras lecciones que ha soportado como algo que debe llevarse a cabo con desprecio.

Un problema contra el que luchan los Tauro es su apego al mundo material. Muchas de las personas más ricas del mundo son signos Tauro. Cuando tenga problemas de baja autoestima, deténgase un segundo y observe lo que posee, ya sea un Mercedes o una gran carrera. Disfrutar de los lujos que ha reunido durante mucho tiempo le hará comprender que lo está haciendo más que bien.

Como cualquier otro signo, Tauro tiene sus méritos y sus defectos. Pero una relación con un Tauro siempre será estupenda.

Un signo del zodiaco que se alinea con Venus, la diosa del amor, va a ser un fuerte defensor de los grandes gestos románticos. El amor de los Tauro por asegurarse de que todo esté planeado y sea perfecto hace que tarden bastante en entablar una relación romántica. No buscan cualquier relación, sino la única. Siempre encontrarán a sus parejas increíbles porque solo se sienten atraídos por lo mejor. Si está en las primeras etapas de salir con un Tauro, puede ser difícil captar su atención completa e indivisible, pero una vez que lo eligen, mostrarán un gran nivel de lealtad genuina durante mucho tiempo. Si resulta que usted es Tauro, es posible que desee tomarlo con calma cuando se trata de buscar la perfección y tratar de disfrutar de la gente como vienen con lo bueno y lo malo.

Ser amigo de un Tauro tiene sus ventajas, como ser digno de confianza y leal, pero también es importante saber manejar la constante búsqueda de perfección de un Tauro. A veces les resulta difícil igualar sus estándares, especialmente con signos seguros como Aries, que puede llegar a ser muy competitivo. Afortunadamente, Tauro prefiere ir siempre con la verdad, así que no tendrá que estar pendiente de mentiras malintencionadas o puñaladas por la espalda.

Conclusión

Cuando finalmente empiece a comprender sus necesidades, los signos complementarios y muchas otras cosas sobre su signo, será el momento de ponerlo en práctica. Usted querrá revisar sus puntos fuertes y débiles como Tauro y ver cómo puede mejorarlos.

Si tiene un amigo Tauro, considérese afortunado. Hay un montón de grandes beneficios de los que puedes disfrutar gracias a la naturaleza y las pequeñas peculiaridades de los Tauro. Aunque muchas personas pueden tener una impresión equivocada con su temperamento, hay muchas cosas que pueden desconocer.

Si es usted Tauro, espere que la mayoría de sus amigos vengan corriendo a pedirle consejo, ya sea sobre algo romántico o una decisión profesional. Si hay un signo que tiene licencia casi oficial para aconsejar a los demás, probablemente sea Tauro. El sentido común es su mejor aliado, así como su capacidad para interpretar situaciones sobre la marcha y realizar varias tareas a la vez. Separar las emociones de las situaciones individuales le permite ver el problema desde un punto de vista ventajoso. Esto le da una perspectiva mucho más concluyente. Utilizar listas de pros y contras es una forma excelente para que un Tauro analice casi cualquier situación de forma sistemática. Si las emociones están a flor de piel y la situación se le va de las manos, un Tauro puede ayudarle a mantener el sentido común y el pensamiento lógico.

Los Tauro son conocidos por ser una roca inamovible cuando se trata de sus preferencias en cuanto a amigos y amantes. Muchos signos pueden cambiar rápidamente de pareja o de amigos, pero los Tauro se aferran a sus elecciones una vez que fijan sus ojos en alguien. Buscan la manera de disfrutar al máximo de lo que la vida les ofrece, y eso lo hacen manteniendo una rutina equilibrada en la que construyen sus relaciones sobre el amor y la confianza. Son grandes amigos que quieren que les cubran las espaldas en los buenos y malos momentos.

Un Tauro está activamente interesado en mantener a sus seres queridos protegidos a toda costa. Disfrutan de ello en lugar de considerarlo una tarea como muchos otros signos. Un Tauro sabe cómo evitar que alguien se sienta incómodo o incómoda, ya sea dándole espacio o proporcionándole lo que necesita. No tienen ningún problema en asumir las cargas de los demás, incluso si eso significa que deben llevarlas ellos solos.

Si tiene un amigo Tauro, puede esperar ser testigo de las mejores cosas de la vida en múltiples ámbitos. Tanto si se trata de buena música como de restaurantes desconocidos de los que nadie ha oído hablar, viajarán hasta el fin del mundo para encontrar algo realmente adecuado a su gusto. También pueden apreciar casi todo y darle su justa importancia, lo cual es un mérito de ser pensadores lógicos.

El perfeccionismo que tiene un Tauro siempre que trata de mejorarse a sí mismo o a su trabajo es simplemente inspirador. Tener un amigo Tauro puede influir en usted para llegar más allá de lo que está a su alcance. Son bastante populares por su sentido del autocontrol y su capacidad para frenar su apetito por actividades que pueden estancar su vida profesional o artística. Simplemente les resulta incómodo no ser los mejores en lo que hacen.

La creatividad, el amor, la estabilidad y la aptitud son grandes cualidades de los nacidos bajo el signo de Tauro. Los Tauro son un gran regalo para el universo, y tenemos la bendición de tenerlos en nuestras vidas.

Vea más libros escritos por Mari Silva

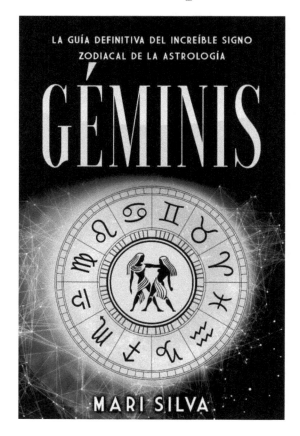

LA GUÍA DEFINITIVA DEL INCREÍBLE SIGNO
ZODIACAL DE LA ASTROLOGÍA

GÉMINIS

MARI SILVA

Referencias

Si es usted tauro, estos trabajos son perfectos para usted ... (2017, 12 de julio) Allwomenstalk.

https://money.allwomenstalk.com/if-you-are-a-taurus-these-jobs-are-perfect-for-you/7/

5 Formas de superar el miedo al cambio en tiempos difíciles. (2017, 13 de marzo). Molly Fletcher.

https://mollyfletcher.com/fear-of-change/

7 rasgos comunes de los Tauro de mente fuerte en su vida. (2018, 23 de abril). Well+Good.

https://www.wellandgood.com/taurus-personality-trait-gifs/

12 Signos zodiacales de la astrología fechas, significados y compatibilidad. (2010). Astrology-Zodiac-Signs.com.

https://www.astrology-zodiac-signs.com/

Sobre Tauro el toro: Astrología/Zodiaco. (n.d.). Cafeastrology.com. Extraído de:

https://cafeastrology.com/zodiactaurus.html

Todo sobre la astrología: Los signos del zodiaco, los planetas y la compatibilidad. (n.d.). Tarot.com. https://www.tarot.com/astrology

Astrólogo, M. H. M. H. es un, Lector de, T., & Hall, autor de "Astrología: A. C. I. G. a la Z." en nuestro proceso editorial M. (n.d.). ¿Qué son las modalidades?

Cardinal, Fija, Mutable. LiveAbout. Extraído de:
https://www.liveabout.com/modalities-cardinal-fixed-or-mutable-206736

Astrólogo, P. L. C. H. (s.f.). Debilidades de Tauro en el amor y las relaciones.
LoveToKnow. Extraído de: https://horoscopes.lovetoknow.com/astrology-signs-
personality/taurus-weaknesses-love-relationships

AstroTwins, T. (2017, 6 de agosto). Carta del amor de Tauro. ELLE.
https://www.elle.com/horoscopes/love/a2231/taurus-compatibility/

Sé mío: Cómo lidiar con la posesividad en una relación. (n.d.). Psychology Today.
Extraído de: https://www.psychologytoday.com/us/blog/compassion-
matters/201702/be-mine-dealing-possessiveness-in-relationship

Bozec, R. P., Jean-Pierre Nicola, Julien Rouger, Franck Le. (n.d.). Tauro-Escorpio:
similitudes y diferencias. Www.Astroariana.com. Extraído de:
http://www.astroariana.com/Taurus-Scorpio-similarities-and.html

Compatible-Astrology.com. (n.d.). Compatibilidad de Tauro. Www.compatible-
Astrology.com. Extraído de: https://www.compatible-astrology.com/taurus-
compatibility.html

Constella, M. (2019, March 5). Los 9 mejores trabajos para Tauro: Carreras ideales
para hombres y mujeres Tauro | Horóscopo y Astrología. Metropolitan Girls.
https://metropolitangirls.com/best-jobs-taurus/

Cosmopolitan.com - La revista femenina de moda, consejos sexuales, consejos para
citas y noticias de famosos. (n.d.). Cosmopolitan. https://www.cosmopolitan.com

Encuentra la mejor carrera para tu signo del zodiaco - Tauro | ZipRecruiter®.
(2019, May 7). ZipRecruiter.

https://www.ziprecruiter.com/blog/best-career-paths-taurus/

Horóscopo gratuito para los niños de Tauro por The AstroTwins. (n.d.). Astrostyle:
Astrología y horóscopos diarios, semanales y mensuales por The AstroTwins.
Extraído de: https://astrostyle.com/family-horoscopes/baby-and-childrens-
horoscopes/the-taurus-child/

Cómo lidiar con la terquedad de una pareja de Tauro. (n.d.). The Femme Oasis.
Extraído de: https://www.thefemmeoasis.com/astrology-zodiac/how-to-deal-with-a-
taurus-partners-stubbornness/000007cc

Cómo criar a un tauro. (n.d.). Www.Maisonette.com. Extraído de:
https://www.maisonette.com/le_scoop/how-to-parent-a-taurus

Mom365. (2020). 8 Cosas que tiene que saber sobre su hijo Tauro. Mom365.com.

https://www.mom365.com/mom/astrology/all-about-your-taurus-childs-astrology

Mi signo zodiacal de Tauro: El amor. (n.d.). Www.Horoscope.com. Extraído de: https://www.horoscope.com/zodiac-signs/taurus/love

PowerofPositivity. (n.d.). Poder de la Positividad: #Nº1 en pensamientos positivos y comunidad de autoayuda. Poder de la positividad: Pensamiento y actitud positivas. Extraído de: https://www.powerofpositivity.com/

Rainer, M. A. (n.d.). ¿Criando a un bebé Tauro? Descubre los rasgos y los retos a los que puede enfrentarse. Www.Kidspot.com.Au. Retrieved from https://www.kidspot.com.au/parenting/parenthood/parenting-style/raising-a-taurus-baby-find-out-the-traits-and-challenges-you-may-face/news-story/0679dec1eec89d1fa8cf997dcd386b02

Los Tauro y sus rasgos de personalidad y físicos. (n.d.). Pointastrology.com.

Niño Tauro: Rasgos y características de la personalidad | Bebé Tauro. (2018, 22 de septiembre). ZodiacSigns-Horoscope.com. https://www.zodiacsigns-horoscope.com/taurus/taurus-child-traits-personality/

Amigos y familia de Tauro - Signos del zodiaco. (n.d.). Retrieved from https://www.bzodiac.com/zodiac-signs/taurus-zodiac-sign/taurus-friends-family/

Tauro en el amor - Compatibilidad de signos. (n.d.). La Reina del Amor. Extraído de: https://www.thelovequeen.com/taurus-love-horoscope-sign-compatibility/

Rasgos de personalidad de Tauro, características, fortalezas y debilidades. (n.d.). Su signo del zodiaco. Extraído de: https://www.yourzodiacsign.com/taurus/personality/

Tauro, pasatiempos de tauro, aficiones para el signo de tauro. (n.d.). Taurus.Findyourfate.com. Extraído de:

https://taurus.findyourfate.com/hobbies.html

Rasgos de Tauro-Características positivas y negativa. (2016). GaneshaSpeaks. https://www.ganeshaspeaks.com/zodiac-signs/taurus/traits/

Debilidades de Tauro: Conócelos para poder vencerlos. (2018, 11 de noviembre). I.TheHoroscope.Co.

https://i.thehoroscope.co/taurus-weaknesses-know-them-so-you-can-defeat-them/

El niño Tauro: Rasgos y personalidad de la niña y el niño Tauro | Signos del zodiaco para niños. (n.d.).

Www.Buildingbeautifulsouls.com. Retrieved from https://www.buildingbeautifulsouls.com/zodiac-signs/zodiac-signs-kids/taurus-child-personality-traits-characteristics/

El signo del zodiaco Tauro símbolo - personalidad, fortalezas, debilidades. (2018, 5 de febrero). Labyrinthos. https://labyrinthos.co/blogs/astrology-horoscope-zodiac-signs/the-zodiac-sign-taurus-symbol-personality-strengths-weaknesses

Cosas que debe saber sobre un niño Tauro. (n.d.). Parenting.Firstcry.com. Extraído de: https://parenting.firstcry.com/articles/things-you-should-know-about-a-taurus-child/

Thinnes, C. (n.d.). Compatibilidad de Tauro - Mejores y peores combinaciones. Numerologysign.com. Extraído de: https://numerologysign.com/astrology/zodiac/compatibility/taurus-compatibility/

Waits, P. (2020, 14 de julio). Ya puede leer las cuatro mejores profesiones para Tauro. Themagichoroscope.com. https://themagichoroscope.com/zodiac/best-jobs-taurus

Lo que dicen los signos solares sobre las habilidades laborales: Tauro | Noticias | Nexxt. (n.d.). Www.Nexxt.com. Extraído de: https://www.nexxt.com/articles/what-sun-signs-say-about-work-abilities-taurus-10871-article.html

¿Con qué signos solares es más compatible Tauro? (n.d.). AstroReveal. Extraído de: https://www.astroreveal.com/Which-Star-Signs-Should-You-Date.aspx?a=TAU

YourTango | Charla inteligente sobre el amor. (n.d.). Www.Yourtango.com. https://www.yourtango.com